"十四五"职业教育规划教材 · 金融科技系列

金融科技风险控制

王　启◎主编

张显未　吴松彬◎副主编

立信会计 出版社

LIXIN ACCOUNTING PUBLISHING HOUSE

图书在版编目(CIP)数据

金融科技风险控制 / 王启主编. —上海：立信会计出版社，2021.8(2024.7 重印)
ISBN 978 - 7 - 5429 - 6871 - 5

Ⅰ. ①金… Ⅱ. ①王… Ⅲ. ①金融-科学技术-高等职业教育-教材 ②金融风险防范-高等职业教育-教材 Ⅳ. ①F830

中国版本图书馆 CIP 数据核字(2021)第 141538 号

策划编辑　　张善涛
责任编辑　　郭　光
封面设计　　南房间

金融科技风险控制
JINRONG KEJI FENGXIAN KONGZHI

出版发行	立信会计出版社			
地　　址	上海市中山西路 2230 号	邮政编码	200235	
电　　话	(021)64411389	传　　真	(021)64411325	
网　　址	www.lixinaph.com	电子邮箱	lixinaph2019@126.com	
网上书店	http://lixin.jd.com	http://lxkjcbs.tmall.com		
经　　销	各地新华书店			
印　　刷	上海万卷印刷股份有限公司			
开　　本	787 毫米×1092 毫米	1/16		
印　　张	12.5			
字　　数	223 千字			
版　　次	2021 年 8 月第 1 版			
印　　次	2024 年 7 月第 2 次			
书　　号	ISBN 978 - 7 - 5429 - 6871 - 5/F			
定　　价	36.00 元			

如有印订差错，请与本社联系调换

前言

金融科技(FinTech)正成为世界经济数字化转型的新动力、国际金融合作治理的新领域以及全球产业投融资的新焦点。金融科技是由金融和科技加速融合形成的一个新兴领域。快速发展中的金融科技,在改变传统金融行业的同时,也催生了不少新兴行业,如互联网金融、数字货币、区块链技术、智能投顾等。金融科技概念正受到各方面的热捧。然而,热捧背后,也存在监管套利的风险。监管部门明确指出,要划清互联网金融和金融科技的界限。金融科技要与持牌机构合作才能从事金融业务,并抛开表面属性,从业务模式出发进行穿透式监管。对于风险控制而言,金融科技可以说是一把双刃剑。金融科技可以使金融业务有效提速和扩容,但也显著加大操作风险、信用风险和流动性风险,增大风险控制的难度和维度。因此,金融科技风险控制是金融科技专业学习中不可或缺的部分。

在新一轮科技革命与产业变革的背景下,传统金融向金融科技转变,新金融创造新的岗位,金融科技专业人才需求旺盛,教材升级换代势在必行。得益于深圳金融科技业发达的地域优势,本书可以由一线金融科技企业资深专家参与编撰,促成本书做到产学融合,既具备理论基础,也体现了企业对于金融科技技能的需求。

本书从金融科技的发展历史、重要组成要素(人工智能、区块链、云计算和大数据)讲起,重点介绍了互联网银行、互联网保险、智能信贷、供应链金融、P2P金融以及股权众筹等六大领域的金融科技风险控制。本书有助于学生更好夯实金融科技理论基础知识,准确回顾金融科技演变历史,把握当前金融科技要义,提高金融科技风险控制意识,追踪金融科技发展趋势。

本书的编写工作分工:王启副教授负责第一、三、四章的编写;张显未博士负责第二、八章的编写,吴松彬博士负责第九章的编写,两位博士同时统筹整本书的内容及格式调整;金融科技行业专家严地长、郑湘雄和魏东征将多年从业经验进一步提炼,分别编写本书的第五、六和七章。

编　者
2021 年 5 月

目录

第一章

金融科技概述

本章主要内容

金融科技的概念、特征;金融科技领域领军企业的主要类别;金融科技的后台、前台业务的电子化到开展网上业务的发展历程。

本章应掌握的主要技能

掌握金融科技的相关专业知识,了解金融科技的发展规律。

第一节 金融科技

一、金融科技的概念

金融科技(FinTech),是 Financial Technology 的缩写,可以简单理解为 Finance(金融)+Technology(科技),指通过利用各类科技手段创新传统金融行业所提供的产品和服务,并提升效率和有效降低运营成本。

关于金融科技(FinTech)的内涵,国际金融稳定理事会(FSB)给出了一个国际通用的标准定义:技术带来的金融创新,它能够产生新的商业模式、应用、过程或产品,从而对金融市场、金融机构或金融服务的提供方式产生重大影响。

更进一步地,在金融科技所覆盖的范围与领域方面,巴塞尔银行监管委员会区分出四个核心应用领域:存贷款与融资服务、支付与清结算服务、投资管理服务、市场基础设施服务。存贷款与融资服务领域涵括网贷、征信、众筹等产品;支付与清结算服务包括移动支付、P2P 汇款等内容;投资管理服务的典型代表是智能投顾与智能投研等;市场基础设施服务的内容则最为广泛,意指人工智能、区块链、云计算、大数据、安全等技术所带来的金融产品的创新。

二、金融科技的中外语境差异

由于中外金融监管环境与社会环境存在一定差异，中外金融科技（FinTech）概念的发展与演变也存在较大的区别。

就美国而言，其语境上的 FinTech 公司以初创型企业为主，大部分是经营移动支付、财富管理、网贷等业务。中国在"金融科技"的概念被提及之前，事实上已经历了数年"互联网金融"阶段的发展，以第三方支付、P2P 网贷企业为典型代表。

由于从事互联网金融业务的大多是非金融持牌的互联网企业，一些忽视金融本质、风险属性和必要监管约束的现象一度出现，导致了业务运作不规范、风险管理不到位、监管适用不恰当或不充分等问题，也引发了一些监管套利风险与消费者保护风险。

国内官方组织与监管机构所鼓励发展的"金融科技"，更多是强调前沿技术对持牌合规的金融业务的辅助、支持和优化作用，技术的运用仍需遵循金融业务的内在规律，遵守现行法律和金融监管要求。最终的金融科技产品或服务的提供者，也聚焦在合规经营的金融机构的范围内。

中国发展金融科技的侧重点在于前文提到的巴塞尔委员会划分的"市场基础设施服务"的细分领域。其实质是以前沿科技赋能（Empower & Enable）传统金融行业或传统商业模式，为产品本身注入区别于传统金融产品的能力，如远程核身能力、大量数据存储及运算能力、自动化与智能化服务能力、多机构对等合作及共享资源的能力、降低成本能力、安全加固能力、精准营销能力、精细化风险管理能力、防欺诈及风险定价能力等，以科技带动金融业务的革新，最终实现服务实体经济与普惠大众的目标。

三、金融科技的特征

（一）金融将以科技形态出现

金融产品已经深刻影响了人类生活，这种影响在于金融本身属性，进入金融科技时代之后，以大数据、云计算以及智能科技为代表的新科技将从根本上改变金融行业的体系和运作逻辑，金融将不再是一个行业，而是代表一种全新的生活方式。

（二）金融的表现形式多样化

移动互联网时代衍生出了网络贷款、P2P 等新型的金融类型，这些产品类型跟金融之间的关系一直处于"半推半就"的状态。未来，金融的表现形式将会更加贴近生活，淡化金融属性，丰富金融的表现形式。

(三) 金融与外部技术的融合加深

金融行业与互联网技术的融合仅仅以去中间化来实现，只是将原有的场景和金融产品销售转移到了线上，金融与互联网的融合程度并不深。进入金融科技时代之后，其深度融合不仅是在去中间化上，而且是针对本身元素的重构和替代，让金融效率进一步提升，在风控领域加入智能科技元素，运用大数据减少人为因素对风控环节的影响。

四、金融科技领域的领军企业分类

(一) 科技公司

科技公司以科技赋能金融业务，甚至直接进军金融行业，成为金融科技市场的主要参与者。例如，海外有新兴企业"GAFA"（Google/Alphabet、Amazon、Facebook 和 Apple）和老牌计算机公司 Microsoft、IBM 及 Intel，中国则有"BATJ"（百度、阿里、腾讯、京东）等大型企业。

(二) 持牌金融机构

持牌金融机构通过创新技术为客户提供更先进的金融服务。国内金融机构从2017 年开始也加快在金融科技领域的布局。四大国有银行已分别与腾讯、阿里、百度、京东签订战略合作协议。此外，蚂蚁金服、财付通、微众银行、招商银行、平安银行、众安保险等也有较多的金融科技产品推出。

(三) 其他

除大型科技公司与持牌金融机构以外，部分互联网金融公司、金融科技公司、网络小贷公司等也或多或少在从事金融科技业务，较突出的有平安金融壹账通、平安陆金所、京东金融、百度金融等。

金融创新不能偏离实体经济的需要，金融业的外部性、公共性也非其他行业可比，所有的金融业务都应持牌经营，都应纳入监管，且应立足于服务实体经济。随着监管制度的完善，未来无金融业务牌照的金融科技公司或将转型，以提供技术、提供流量导流、提供部署实施等服务为主，而不直接提供金融产品给终端客户。

五、金融科技的三个阶段

金融科技的关键是金融和科技的相互融合，技术突破是金融科技发展的原动力。所以结合信息技术对金融的推动，可以将金融科技的发展分为以下三个阶段。

（一）互联网时代，传统金融触网

2005～2010 年是互联网时代。互联网加快世界互通互联，使得互联网商业迅速发展起来，金融业也产生了些许改变。具体表现为金融触网，简单的传统金融业务线上化，通过 IT 技术应用实现办公和业务的电子化、自动化，从而提高业务效率。典型代表为网上银行，将线下柜台业务转移至 PC 端。此时，IT 作为后台部门存在，为部分金融业务提供技术支持，或者科技企业扮演技术服务或解决方案提供商角色。

（二）移动互联网时代，互联网新金融兴起

2011～2015 年是移动互联网时代。智能手机的普及使得人们随时随地的沟通成为可能，极大提高了网络利用的效率。这一阶段具体表现为传统金融类机构搭建在线业务平台，对传统金融渠道的变革，实现信息共享和业务融合。同时互联网公司的金融化应运而生，移动支付成为可能。此时，互联网在金融业的渗透率逐步提升，但并不改变传统金融的本质属性。

（三）人工智能时代，金融和科技强强联合

2016 年至今是人工智能时代。云计算、大数据、区块链、人工智能等关键技术日益成熟，成为金融创新的重要推动力。在这个阶段，金融业通过新的科技改变传统的金融信息采集来源、风险定价模型、交易决策的过程、信用中介的角色，大幅提升传统金融的效率，解决传统金融的痛点，如数字货币、大数据征信、智能投顾、供应链金融。至此，金融和科技强强联合，传统金融产生变革。

第二节　金融科技的发展简史

一、金融后台业务电子化（20 世纪 40～70 年代）

1946 年，美国发明了世界上第一台电子计算机，人类社会进入了一个崭新的时代，IT 逐渐被应用到了社会的各个领域。精明的金融家们自然也马上意识到计算机有可能改变金融的世界。有着几百年的传统金融行业与朝气蓬勃的 IT 有了首次接触之后，自此再也不能分开，从此开启了一个全新的金融时代。

20 世纪 50 年代，美国通用公司和 IBM 公司先后推出了电子管计算机，这种计算机很快被应用到银行的账务处理、报表编制，从而拉开了银行业自电化的序幕。千千万万的银行从业人员从繁重的手工作业中被解放出来，作业效率也得到了成倍的提高。例如,一笔原本需要几个银行聚精会神坐在一起手工计算几个小时才能得出结果的业务,电子计算机几秒钟就给出了准确无误的答案。

当时,美国的商业银行不但陆续引入电子计算机,而且自主开发了一系列应用软件用以模拟手工纸张和支票结算。1955 年 9 月,美国斯坦福研究所公开演示了电子记录机会计系统 ERMA,该系统号称能"读取"支票信息并作出处理。ERMA 是应美国银行要求而设计并耗时 5 年完成的。不过由于成本过高,同时从支票到穿孔卡片的信息传输问题难以解决,ERMA 在当时还不能被实际应用。尽管如此,它开了计算机代替手工支票处理的先河。时隔不到一年,1956 年 7 月 21 日,美国银行业协会建议使用磁墨水字符识别(MCR)作为标准的支票处理方法。1968 年,美国银行业协会又进一步对 MCR 编码的字型和字符大小作出规定,从而构建了银行业务系统通用的支票处理机器语言。同年,美国银行安装了 GE-100,这是一台继承了 ERMA 的晶体管化的计算机,它满足了直接从源文件(支票)输入数据的要求,最终使得利用计算机处理支票成为现实。在 MICR 的帮助下,商业银行处理支票的效率和准确率有了大幅提升。为了匹配业务发展的需要,美国的商业银行在 20 世纪 60 年代扩大了技术开发人员的编制。IT 对金融后台业务处理效率的提升是史无前例的,从银行业的支付结算系统、会计系统、资金转账系统到证券市场的电子交易系统,随处可见金融业的变革,IT 彻底改变了传统银行的模式。

二、金融前台业务电子化(20 世纪 80 年代)

进入 20 世纪 80 年代,IT 业得到了空前的发展。1981 年,IBM 推出了具有划时代意义的个人电脑。1984 年,苹果公司推出了配有图形界面操作系统的麦金塔电脑,同年微软推出可在麦金塔电脑上运行的办公软件。这些看似与金融业无关的成就,实则蕴藏着推动金融业新一轮变革的潜能。

20 世纪 70 年代,银行柜台客户流量增大,很多人排队仅仅是为了办理一笔小额存取款业务,或是查询账户余额。银行柜台人员疲于应付大量顾客的同质化需求,有时难免有些许怠慢,这在一定程度上导致客户流失。但单纯依靠扩大营业网点、增加银行柜台人员来减少排队人员,留住客户,成本又太高。银行家们为了分散银行营业网点的压力,开始提供自助银行服务。自助银行服务模式无需银行柜台参与,是完全依赖于计算机、通信网络和 IT 的全新金融服务模式。自助银行服务开展的一大标志,就是各大商业银行开始广泛部署 ATM(自动柜员机)。1967 年 6 月 27 日,第一台 ATM 出现在伦敦北部的巴克莱银行,但当时人们只是抱着观望的态度,谁也不相信在这台机器里能取到现金。看着围观的群众,银行老板焦急不已。英国著名电视演员雷吉·瓦尼成了"第一个吃螃蟹的人"。他在银行职员和新闻记者的见证下从机器中提取了10英镑的纸钞,完成了ATM历史上的第一笔交易。美国第一台ATM于1969年9月9日在化学银行长岛分行投入使用。到1973年年末,美国银行业共拥有1935台ATM。到1993年年末,美国银行业共拥有94 800台ATM,是1973年的49倍。ATM满足了人们"7×24"全天候的存取款需求,人们可以在任意时间,无需营业网点工作人员的帮助,自行通过ATM完成存取款业务。随着ATM得以逐渐普及,金融业前台业务的电子化突飞猛进。

在支付领域,银行也开始了电子化的尝试。一直以来,钞票的印制、运输、保管、流通和处理消耗大量的社会资源。早在20世纪60年代初,美国一些州的商业银行就做过这样的试验:让几位女职员在一定时期内完全不用现金,用餐、购物等生活开销都用银行凭证支付。一个月下来,参与者认为除了乘出租车不方便外,其他方面感觉良好,这大概是支付领域最早的不使用现金的尝试。20世纪80年代末,POS机(销售终端)电子资金转账、电子钱包智能卡、建立在电子数据交换基础上的企业之间交易付款自动化等新的金融产品相继出现。人们无须去营业网点取现金消费,只需通过商家提供的POS机刷银行卡即可完成支付结算。1998年对美国排行靠前的100家大银行个人银行业务支付渠道的调查表明,传统网点的交易比重从56%降到了41%,电子支付渠道的交易比重则从28%上升为31%。金融前台业务的电子化极大地节约了金融业的人力资源。1960年,美国商业银行总雇员64万人,1975年达到126万人,1980年达到148万人。此后增长基本停止,1990年年末总雇员为147万人。从分支机构看,1980年美国商业银行及其分支机构共57 232家,至1990年为66 945家,1992年年末为67 777家。1980~1992年,银行分支机构年均增长1.3%,增速极其缓慢,而同期银行总资产从1980年的18 560亿美元增至1992年末的35 060亿美元,年均增长5%。

零售业务的电子化,在减少美国商业银行柜台人员方面的作用更为明显。1981年,美国商业银行分支机构的柜台人员总计为58万人,至1990年为37万人。同期,平均每个银行分支机构的柜台人员数却持续减少,1981年,平均每个银行分支机构的柜台人员数为8.23人,1984年为7.68人,1987年为7.02人,至190年为6.84人。每个银行柜台人员平均存款额1981年为473万美元,1990年为490万美元。因此,金融前台业务电子化对银行降低经营成本、提高效率和效益起到了良好的推动作用。值得注意的是,技术升级带来效率的提升,致使银行业出现了第一次失业潮,部分愤怒的银行失业柜员甚至刻意损毁ATM。与此同时,借助于IT,许多新型金融业务产品发展起来。据麦肯锡的统计，1972～1982年，美国银行储蓄存款业务产品仅有5个；但随着IT的应用和发展，1982～1983年，储蓄存款业务产品增加了18个。发展到20世纪90年代，美国银行平均每月54%的交易通过ATM完成，同时1 200万名客户中的70%都使用电话银行业务。这些数据充分说明，IT的发展再一次带动金融业腾飞。金融电子化的蓬勃发展使得一部分枯燥重复的工作被取代，大量更加具有创造性的新就业岗位被创造出来。IT对人类社会改造的步伐从未停歇，科技的力量深刻地改变着金融业的组织形态、业务流程和赢利模式。

三、网上办理金融业务（20世纪90年代～21世纪初）

20世纪90年代初，英国科学家、"万维网之父"蒂姆伯纳斯·李发明了互联网浏览器，标志着迈入互联网时代。互联网的强势崛起立刻带动全球经济的迅猛增长，引发全球性的商业革命和经营革命，一批伟大的互联网公司相继诞生。

金融业作为最早引进IT的行业之一，自然不会错过这一波互联网浪潮。借助互联网技术的飞速发展，技术洞察力一向敏锐的金融机构开始积极拓展互联网服务渠道，将标准化的金融业务搬到互联网上办理。各银行纷纷搭建自己的网上银行，美国富国银行自1992年起开始建设网上银行，如今已拥有全美第一的网络银行服务体系，更在2013年成为全球市值最高的银行，获得包括巴菲特在内的诸多投资者的青睐。

如果说ATM实现"7×24"全天候的自助银行服务，跨越了时间，那么网上银行更是将服务的便捷性演化到极致，跨越了空间。通过网上银行，人们可以随时随地享受银行服务。

证券业同样如此，传统的经纪业务也可以实现在互联网上进行交易。美林证券于1999年推出ML DIrect（美林直接）和Unlimited Advantage（无限优势）互联网经纪业务并大获成功，成为IT与金融业务融合的业界典范。到2001年6月，网上银行遍及180多个国家（地区），连接1亿多台计算机、100多万个信息源、5亿多名用户。

后来，甚至出现了没有实体营业网点的纯粹的网上银行、网上证券等金融机构，颠覆了传统的经营模式，如成立于1994年4月的SFNB（美国安全第一网络银行）。SFNB是一家真正意义上的网络银行，脱离传统具有物理介质的实体银行模式，完全依赖互联网进行运营。客户不受物理空间及时间限制，只要能登录其网站并拥有其网络账号便能享受其便捷、高质量的服务。

SFNB在1995～1998年充分发挥网络银行的便捷性和安全性，吸引多达1万多名客户，其股票价格在上市第一天就翻了一番，其几个月内便吸收6 000多万美元的存款。截至 1999 年,存款额达 4 亿美元。后来由于经营上存在问题,公司一直未能实现盈利,在 1998 年被加拿大皇家银行以 2 000 万美元收购了其除技术部门外的所有部门。加拿大皇家银行是加拿大规模最大、赢利能力最好的银行之一,其在美国长期以来主要提供金融批发业务。在被收购后,SFNB 转型为在传统银行中提供网络银行服务。

另一家具有代表性的公司是 E* Trade(亿创理财),它于 1996 年重组为一家纯网络经纪公司,直接向投资者提供在线证券交易服务,并于当年 8 月成功登陆纳斯达克。到 2000 年,E* Trade 成为仅次于嘉信理财和宏达理财的美国第三大网络券商。到 2001 年年底,E* Trade 已拥有超过 400 万个账户。与 SFNB 不同的是,E* Trade 目前仍活跃在市场中,并且由于其纯线上的经营策略,目前属于同等服务水平中佣金费率最低的券商之一。

中国金融业的电子化起步较晚,通过借鉴发达国家的宝贵经验,充分发挥后发优势,努力实现弯道超车。进入 20 世纪 90 年代后,金融业在国民经济中的战略地位已经得到了重新认识,金融电子化被列为国民经济的基础性建设项目,国家计划委员会、国家科学技术委员会将金融电子化项目列入我国重点科技攻关项目。金融电子化受到了普遍的重视和支持,“八五”期间全国金融系统投入的电子化资金甚至超过了 100 亿元。1996 年,招商银行率先在国内推出了自己的网上银行“一网通”,并逐步向公司和个人提供信息查询、银企对账、代发工资、网上购物等金融业务。1997 年 4 月,招商银行开通了交易型网站,拉开了我国网上银行发展的帷幕。到 2002 年年末,在国内开展交易型网上银行业务的网上银行达 31 家,其中中资银行有 21 家。值得一提的是,自 1991 年开始,在中国人民银行的主持下,现代化支付清算系统开始立项实施,目前已成为我国金融体系中最核心的业务系统。商业银行、证券公司、保险和基金公司等金融机构在不同层级与中国人民银行支付清算系统实现对接,每天庞大的资金流和信息流在这张庞大的网络上流动,支撑整个金融体系的平稳运行。

四、互联网金融元年到金融科技 2.0(2013 年开始)

传统金融业与 IT 业的融合取得了举世瞩目的成就,极大地增强了金融机构的业务处理能力。然而,银行家们万万没有想到,进入 21 世纪后,新兴的互联网技术威力巨大,互联网公司跨界进军金融业,迅速做大规模,成为传统金融业的搅局者。

2005 年,P2P 平台在英国诞生,紧接着美国相继出现 Prosper、Lending Club 等 P2P 借贷平台以及 Kickstart 众筹平台等互联网金融公司。互联网金融在中国市场更是炙手可热,社会反响强烈。

2013年被普遍认为是中国互联网金融元年。互联网企业进军传统金融业,金融企业也深度触网。2013年6月13日,阿里巴巴旗下支付宝与天弘基金合作推出货币基金理财产品"余额宝"。仅用一个月的时间,余额宝资产规模即突破100亿元大关,掀起一股全民理财的潮流。令人更为震惊的是,余额宝仅用了不到一年的时间,在2014年2月17日,用户规模突破8100万,资产规模超过4000亿元。4000亿元是什么概念呢?中国人民银行公布2013年银行间债市总共发行的地方政府债券也不过3500亿元;截至2014年年初,整个货币基金行业也只有9000亿元的规模。经过4年多的发展,2017年6月30日,天弘基金公告称,余额宝资产净值达到了1.43万亿元。金融业人士或许觉得奇怪,余额宝本质上只是一款货币基金,没有任何金融创新,唯一的不同只是运用互联网销售渠道。为何会产生如此大的影响力?其实,原因就在于余额宝创造性地引入互联网技术,再加上中国普通民众长期被压抑的小额理财需求,二者相遇,爆发出巨大的威力,引爆互联网金融浪潮在中国大地的传播。余额宝的迅速崛起打响了中国互联网行业与金融业走向深度融合的第一枪,预示着互联网思维继变革新闻、音乐、出版和零售业之后,开始触及现代经济的核心——金融业。

相比具有强烈中国特色的互联网金融,"金融科技"一词是不折不扣的舶来品。2016年起,随着国内蚂蚁金服、京东金融、众安保险、宜信等开始定义自己为金融科技公司,这一名词才开始逐渐进入国内大众的视野。

互联网金融主要指在互联网和移动互联网技术条件下以网络连接为主要特征的金融服务方式的创新。因此,互联网金融本质上是依靠互联网技术驱动的金融创新。而近年来,随着科技的突飞猛进,大数据、区块链、人工智能等新兴技术越来越多被应用于金融业的各个细分领域,诸如数字货币、智能信贷、智能投顾等创新的金融服务方式不断涌现,金融与科技的融合程度日益加深,从互联网金融迈入了一个新的阶段。

金融科技1.0阶段通过互联网的连接特性成功实现了资金端的高效对接;而金融科技2.0阶段在1.0阶段的基础进一步打通金融业的资产端环节,通过技术实现科学定价,从而达到资金端和资产端的精准高效匹配,创造了新的金融生态。同时,服务于资产端的高效定价,包括资产的数字化和货币的数字化在内的金融基础设施的代际升级也是金融科技2.0范畴内的重要组成部分。相比以互联网和移动互联网技术为驱动的金融科技1.0,金融科技2.0更聚焦于以云计算、大数据、区块链和人工智能等为代表的新一轮IT的应用与普及,并强调它们对提升金融效率和优化金融服务的重要作用。在金融科技2.0的浪潮中,区块链成为近期最热门的议题之一,它被认为是继蒸汽机、电力、计算机和互联网之后最具潜力成为第五次颠覆性浪潮的技术。面对这一预示着代际跃升的新兴技术,各大银行、初创企业纷纷涉足其中,通过内部孵化、对外投资和组建联盟的形式布局区块链。除了区块链,在金融科技 2.0 的浪潮中,人工智能也备受关注,将人工智能应用于金融领域的实践如雨后春笋般涌现,其中最具代表性的莫过于智能信贷、智能投顾。

附 1-1:中国金融科技大事记

1. 中国人民银行成立金融科技(FinTech)委员会

2017 年,中国人民银行成立金融科技(FinTech)委员会,旨在加强金融科技工作的研究规划和统筹协调。金融科技是技术驱动的金融创新,为金融发展注入了新的活力,也给金融安全带来了新挑战。中国人民银行将强化监管科技(RegTech)应用于实践,积极利用大数据、人工智能、云计算等技术丰富金融监管手段,提升对跨行业、跨市场交叉性金融风险的甄别、防范和化解能力。

2. 中国人民银行印发《金融科技(FinTech)发展规划(2019～2021 年)》

2019 年 8 月 22 日,中国人民银行宣布已印发《金融科技(FinTech)发展规划(2019～2021 年)》,并提出到 2021 年,建立健全我国金融科技发展的"四梁八柱"。规划明确了未来三年金融科技工作的指导思想、基本原则、发展目标、重点任务和保障措施。规划提出到 2021 年,推动我国金融科技发展居于国际领先水平,实现金融科技应用先进可控、金融服务能力稳步增强、金融风控水平明显提高、金融监管效能持续提升、金融科技支撑不断完善、金融科技产业繁荣发展。

3. 中国人民银行上海总部发布指导意见,促进金融科技发展支持上海建设金融科技中心

为贯彻落实国家战略,推动上海国际金融中心和科技创新中心联动发展,人民银行上海总部深入学习习近平总书记关于推动金融业高质量发展系列重要指示和视察上海重要讲话精神,牢牢把握新一轮科技革命的历史契机,近日向辖内金融机构印发《关于促进金融科技发展支持上海建设金融科技中心的指导意见》(以下简称《指导意见》),从打造具有全球影响力的金融科技生态圈、深化金融科技成果应用、加大新兴技术研发、持续优化金融服务、加强长三角金融科技合作共享、提升金融科技风险管理水平、提升金融科技监管效能、加强人才培养和合作交流八个方面提出 40 项指导意见。

发布《指导意见》是人民银行上海总部贯彻落实《金融科技(FinTech)发展规划(2019～2021 年)》以及中国人民银行行长易纲在第十一届陆家嘴论坛上有关金融科技

中心建设讲话精神,支持上海市政府做好上海金融科技中心建设的重要举措之一,旨在助力上海国际金融中心建设和科技创新中心建设联动发展,着力挖掘上海金融科技发展潜能,深度激发金融科技发展活力,提升金融科技赋能实体经济的质量和效率,为把上海建设成为与国际金融中心地位相适应的金融科技中心提供有力支撑。

4. 中国人民银行启动金融科技创新监管试点工作

为贯彻党的十九届四中全会精神,落实《金融科技(FinTech)发展规划(2019~2021年)》(银发〔2019〕209号),中国人民银行积极构建金融科技监管基本规则体系,探索运用信息公开、产品公示、社会监督等柔性管理方式,努力打造包容审慎的金融科技创新监管工具,着力提升金融监管的专业性、统一性和穿透性。

5. 特许全球金融科技师 CGFT 设立

上海高金金融研究院(英文简称 SAIFR)与上海管会教育培训有限公司签署合作协议,在上海交通大学上海高级金融学院学术指导下,联合推出"特许全球金融科技师 CGFT"三级证书认证体系及其培训课程,证书全称为"特许全球金融科技师",英文全称 Chartered Global FinTech,简称 CGFT。特许全球金融科技师将提供全方位的人才培养和评估体系,为金融科技行业培养所需的既掌握金融知识体系,又具备科技创新理论功底的复合型金融科技人才。

本章主要内容

　　四个基本概念：大数据、云计算、区块链和人工智能；它们的基本特征；它们在金融行业的应用情况。

本章应掌握的主要技能

　　了解大数据、云计算、区块链和人工智能的基本工作原理，帮助学生建立对大数据、云计算、区块链和人工智能的初步认知。

第一节　大数据＋金融

一、大数据的概念和特征

（一）大数据的概念

　　大数据（Big Data）是指无法在一定时间范围内用常规软件工具进行捕捉、管理和处理的数据集合，是需要新处理模式才能具有更强的决策力、洞察发现力和流程优化能力的海量、高增长率和多样化的信息资产。

　　在维克托·迈尔-舍恩伯格及肯尼斯·库克耶编写的《大数据时代》中，大数据指不用随机分析法（抽样调查）这样捷径，而采用所有数据进行分析处理。

　　在过去的十几年中，各个领域都出现了大规模的数据增长，各类仪器、通信工具以及集成电路行业的发展也为海量数据的产生与存储提供了软件条件与硬件支持。大数据，这一术语正是产生于全球数据爆炸式增长的背景，用来形容庞大的数据集合。由于大数据为挖掘隐藏价值提供了新的可能，如今工业界、研究界等都对大数据这一研究领域密切关注。

　　尽管目前大数据的重要性已被社会各界认同，但有关大数据的定义众说纷纭，

Apache Hadoop 组织、麦肯锡、国际数据公司等其他研究者都对大数据有不同的定义。但无论是哪种定义都具有一定的狭义性。

因此,我们可以从大数据的"5V"特征对大数据进行识别。同时,企业内部在思考如何构建数据集时,也可以从此特征入手。

(二) 大数据的特征

1. 容量

容量(Volume)是指大规模的数据量,并且数据量呈持续增长趋势。目前一般指超过 10T 规模的数据量,但未来随着技术的进步,符合大数据标准的数据集大小也会变化。大规模的数据对象构成的集合,即称为"数据集"。不同的数据集具有维度不同、稀疏性不同(有时一个数据记录的大部分特征属性都为 0)以及分辨率不同(分辨率过高,数据模式可能会淹没在噪声中;分辨率过低,模式无从显现)的特性。因此数据集也具有不同的类型,常见的数据集类型包括:记录数据集(记录的集合,即数据库中的数据集)、基于图形的数据集(数据对象本身用图形表示,且包含数据对象之间的联系)和有序数据集(数据集属性涉及时间及空间上的联系,存储时间序列数据、空间数据等)。

2. 速率

速率(Velocity)即数据生成、流动快。数据流动速率指对数据采集、存储以及分析具有价值信息的速度。因此也意味着数据的采集和分析等过程必须迅速及时。

3. 多样性

多样性(Variety)是指大数据来源多、格式多、类型多。根据数据是否具有一定的模式、结构和关系,数据可分为 3 种基本类型:结构化数据、非结构化数据、半结构化数据。

(1) 结构化数据,指遵循一个标准的模式和结构(conform to a data model or schema),以二维表格的形式存储在关系型数据库里的行数据。结构化数据是先有结构、后产生数据。由于关系型数据库发展较为成熟,因此结构化数据的存储、分析方法也发展的较为全面,有大量的工具支持结构化数据分析,分析方法以统计分析和数据挖掘为主。其中,关系型数据库是创建在关系模型基础上的数据库,关系模型即二维表格模型,因此一个关系型数据库包括一些二维表,且这些表之间的具有一定关联。关系型数据库可运用 SQL 语言通过固有键值提取相应信息。

(2) 非结构化数据,是指不遵循统一标准的数据结构或模型的数据(如文本、图像、视频、音频等),不方便用二维逻辑表来表现。这部分数据在企业数据中占比大,且增长速度更快。非结构化数据更难被计算机理解,不能直接被处理或用 SQL 语句进行查询。非结构化数据常以二进制大型对象(BLOB,将二进制数据存储为一个单一个体的集合)形式,整体存储在关系型数据库中,或存储在非关系型数据库中(NoSQL 数据库)。其处理分析过程也更为复杂。

(3)半结构化数据,是指有一定的结构性,但本质上不具有关系性,介于结构化数据和非结构化数据之间的数据。它可以说是结构化数据的一种,但是结构变化很大。因此,为了了解数据的细节,不能将数据简单按照非结构化数据或结构化数据进行处理,需要特殊的存储(化解为结构化数据或用 XML 格式来组织并保存到 CLOB 字段中)和处理技术。半结构化数据包含相关标记,用来分隔语义元素以及对记录和字段进行分层。因此,它也被称为自描述的结构(以树或者图的数据结构存储的数据),先有数据,再有结构。两种常见的半结构化数据为 XML 文件和 JSON 文件。常见数据来源包括电子转换数据(EDI)文件、扩展表、RSS 源、传感器数据。

除此之外,还有一种用于描述数据的数据,即"元数据"。元数据可说明已知数据的一些属性信息(数据长度、字段、数据列、文件目录等),提供了数据系谱信息(包含数据的演化过程)和数据处理的起源。元数据可分为 3 种不同类型,分别为记叙性元数据、结构性元数据和管理性元数据,主要由机器生成并添加到数据集中,如数码照片中文件大小和分辨率的属性文件。元数据的作用也类似于数据仓库中的数据字典。

4. 真实性

真实性(Veracity)即数据的质量和保真性。大数据环境下的数据最好具有较高的信噪比。信噪比与数据源和数据类型无关。

5. 价值

价值(Value)即低价值密度,指随着数据量的增长,数据中有意义的信息却没有成相应比例增长。价值同时与数据的真实性和数据处理时间相关。

二、大数据的构成

据 IDC 的调查报告显示:企业中 80％的数据都是非结构化数据,这些数据每年都以指数级别快速增长。大数据就是互联网发展到现今阶段的一种表象或特征而已,没有必要神话它或对它保持敬畏之心,在以云计算为代表的技术创新大幕的衬托下,这些原本看起来很难收集和使用的数据开始容易被利用起来了,通过各行各业的不断创新,大数据会逐步为人类创造更多的价值。想要系统地认知大数据,必须要全面而细致地分解它,从 3 个层面来着手展开:

第一个层面是理论。理论是认知的必经途径,也是被广泛认同和传播的基线。本书从大数据的特征定义理解行业对大数据的整体描绘和定性;从对大数据价值的探讨来深入解析大数据的珍贵所在,洞悉大数据的发展趋势;从大数据隐私这个特别而重要的视角审视人和数据之间的长久博弈。

第二个层面是技术。技术是大数据价值体现的手段和前进的基石。本书分别从云计算、分布式处理技术、存储技术和感知技术的发展来说明大数据从采集、处理、存储到形成结果的整个过程。

第三个层面是实践。实践是大数据的最终价值体现。本书分别从互联网的大数据、政府的大数据、企业的大数据和个人的大数据四个方面来描绘大数据已经展现的美好景象及即将实现的蓝图。

三、大数据的意义

现在的社会是一个高速发展的社会,科技发达、信息流通,人们之间的交流越来越密切,大数据就是这个高科技时代的产物。未来的时代将不是 IT 时代,而是 DT 的时代,DT 就是 Data Technology(数据科技)。

有人把数据比喻为蕴藏能量的煤矿。煤炭按照性质分类,有焦煤、无烟煤、肥煤、贫煤等,露天煤矿、深山煤矿的挖掘成本又不一样。与此类似,大数据并不在"大",而在于"有用"。价值含量、挖掘成本比数量更为重要。对于很多行业而言,如何利用这些大规模数据是赢得竞争的关键。大数据的价值体现在以下几个方面。

(1) 大数据是企业核心竞争力。大数据席卷了全球,并带来了惊人的利益。大数据使 IBM、亚马逊等顶尖公司受益,这些公司通过利用大数据开发一些前沿的技术,为客户提供高端服务。

(2) 大数据使决策更智能、更快速、更精准。大数据分析有助于管理者以系统的方式分析其决策,作出科学的决策。

(3) 为大量消费者提供产品或服务的企业可以利用大数据进行精准营销。通过整合过去和实时数据评估客户的品位和喜好,可以使公司采取更快捷的应对措施,实现精准营销。

在这个快速发展的智能硬件时代,困扰应用开发者的一个重要问题就是如何在功率、覆盖范围、传输速率和成本之间找到那个微妙的平衡点。企业组织利用相关数据和分析可以帮助它们降低成本,提高效率,开发新产品,作出更明智的业务决策。例如,通过结合大数据和高性能的分析,下面这些对企业有益的情况都可能会发生：①及时解析故障、问题和缺陷的根源，每年可能为企业节省数十亿美元；②为成千上万的运输车辆规划实时交通路线，躲避拥堵；③分析所有SKU，以利润最大化为目标来定价和清理库存；④根据客户的购买习惯，为其推送他可能感兴趣的优惠信息；⑤从大量客户中快速识别出金牌客户；⑥利用点击流分析和数据挖掘来规避欺诈行为。

不过，"大数据"在经济发展中的巨大意义并不代表其能取代一切对于社会问题的理性思考，科学发展的逻辑不能被湮没在海量数据中。著名经济学家路德维希·冯·米塞斯曾提醒过："就今日言，有很多人忙碌于资料之无益累积，以致对问题之说明与解决，丧失了其对特殊的经济意义的了解。"这确实是需要警惕的。

四、大数据发展的趋势

趋势一：大数据的资源化

资源化，是指大数据成为企业和社会关注的重要战略资源，并已成为大家争相抢夺的新焦点。因而，企业必须要提前制定大数据营销战略计划，抢占市场先机。

趋势二：与云计算的深度结合

大数据离不开云处理，云处理为大数据提供了弹性可拓展的基础设备，是产生大数据的平台之一。自2013年开始，大数据技术已开始和云计算技术紧密结合，预计未来两者关系将更为密切。除此之外，物联网、移动互联网等新兴计算形态，也将一齐助力大数据革命，让大数据营销发挥出更大的影响力。

趋势三：科学理论的突破

随着大数据的快速发展，就像计算机和互联网一样，大数据很有可能是新一轮的技术革命。随之兴起的数据挖掘、机器学习和人工智能等相关技术，可能会改变数据世界里的很多算法和基础理论，实现科学技术上的突破。

趋势四：大数据科学和大数据联盟的成立

目前大数据科学将成为一门专门的学科，被越来越多的人所认知。各大高校设立专门的大数据科学类专业，催生了一批与之相关的新就业岗位。与此同时，基于大数据这个基础平台，跨领域的大数据共享平台也将建立，之后，大数据共享将扩展到企业层面，并且成为产业的核心一环。

趋势五：数据泄露泛滥

未来几年数据泄露事件的增长率也许会达到100%，除非数据在其源头就能够得到安全保障。在未来，每个财富500强企业都会面临数据攻击，无论它们是否已经做好安全防范。所有企业,无论规模大小,都需要重新审视今天的安全定义。在财富 500 强企业中,超过 50%将会设置首席信息安全官这一职位。企业需要从新的角度来确保自身以及客户数据,所有数据在创建之初便需要获得安全保障,而并非在数据保存的最后一个环节,仅仅加强后者的安全措施已被证明于事无补。

趋势六:数据管理成为核心竞争力

数据管理成为核心竞争力,直接影响财务表现。当"数据资产是企业核心资产"的概念深入人心之后,企业对于数据管理便有了更清晰的界定,将数据管理作为企业核心竞争力,持续发展,战略性规划与运用数据资产,成为企业数据管理的核心。数据资产管理效率与主营业务收入增长率、销售收入增长率显著正相关,数据资产的管理效果将直接影响企业的财务表现。

趋势七:数据质量是 BI(商业智能)成功的关键

采用自助式商业智能工具进行大数据处理的企业将会脱颖而出。其中要面临的一个挑战是,很多数据源会带来大量低质量数据。想要成功,企业需要理解原始数据与数据分析之间的差距,从而消除低质量数据并通过 BI 获得更佳决策。

趋势八:数据生态系统复合化程度加强

大数据的世界不只是一个单一的、巨大的计算机网络,而且是一个由大量活动构件与多元参与者元素所构成的生态系统,是终端设备提供商、基础设施提供商、网络服务提供商、网络接入服务提供商、数据服务使用者、数据服务提供商、触点服务、数据服务零售商等一系列的参与者共同构建的生态系统。如今,这样一套数据生态系统的基本雏形已然形成,接下来的发展将趋向于:系统内部角色的细分,也就是市场的细分;系统机制的调整,也就是商业模式的创新;系统结构的调整,也就是竞争环境的调整等,从而使得数据生态系统复合化程度逐渐增强。

五、大数据在金融领域的应用

(一) 银行领域

大数据在银行业的应用主要表现在两个方面:①信贷风险评估,以往银行对企业客户的违约风险评估多基于过往的信贷数据和交易数据等静态数据,内外部数据资源整合后的大数据可提供前瞻性预测;②供应链金融,利用大数据技术,银行可以根据企业之间的投资、控股、借贷、担保及股东和法人之间的关系,形成企业之间的关系图谱,便于企业进行分析及风险控制。为实时接收电子渠道交易数据,整合银行内系统业务数据。

交通银行通过规则欲实现快速建模、实时预警与在线智能监控报表等功能,以达到实时接收官网业务数据,整合客户信息、设备画像、位置信息、官网交易日志、浏览记录等数据的目的。该系统通过为交通银行信用卡中心构建反作弊模型、实时计算、实时决策系统,帮助拥有海量历史数据、日均超过两千万条日志流水的信用卡中心形成电子渠道实时反欺诈交易监控能力。该系统利用分布式实时数据采集技术和实时决策引擎,帮助信用卡中心高效整合多系统业务数据,处理海量高并发线上行为数据,识别恶意用户和欺诈行为,并实时预警和处置;通过引入机器学习框架,对少量数据进行分析、挖掘构建并周期性更新反欺诈规则和反欺诈模型。系统上线后,该银行迅速监控电子渠道产生的虚假账号、伪装账号、异常登录、频繁登录等新型风险和欺诈行为;系统稳定运行,日均处理逾两千万条日志流水,实时识别出近万笔风险行为并进行预警。数据接入、计算报警、案件调查的整体处理时间从数小时级降低至秒级,监测效率提升近 3 000 倍,上线 3 个月已帮助信用卡中心挽回数百万元的风险损失。

(二)证券领域

大数据在证券行业的应用主要表现为:①股市行情预测,大数据可以有效拓宽证券企业量化投资数据维度,帮助企业更精准地了解市场行情,通过构建更多元的量化因子,投研模型会更加完善;②股价预测,大数据技术通过收集并分析社交网络如微博、朋友圈、专业论坛等渠道上的结构化和非结构化数据,形成市场主观判断因素和投资者情绪打分,从而量化股价中人为因素的变化预期;③智能投资顾问,智能投资顾问业务提供线上投资顾问服务,其基于客户的风险证券领域偏好、交易行为等个性化数据,依靠大数据量化模型,为客户提供低门槛、低费率的个性化财富管理方案。

(三)互联网金融领域

大数据在互联网金融行业的应用:①精准营销,大数据通过用户多维度画像,对客户偏好进行分类筛选,从而达到精准营销的目的;②消费信贷,基于大数据的自动评分模型、自动审批系统和催收系统可降低消费信贷业务违约风险。

百度的搜索技术正在全面注入百度金融。百度金融使用的梯度增强决策树算法可以分析大数据高维特点,在知识分析、汇总、聚合、提炼等多个方面有其独到之处,其深度学习能力利用数据挖掘算法能够较好地解决大数据价值密度低等问题。百度"磐石"系统基于每日 100 亿次搜索行为,通过200 多个维度为 8.6 亿个账号精确画像,高效划分人群,能够为银行、互联网金融机构提供身份识别、反欺诈、信息检验、信用分级等服务。该系统累计为百度内部信贷业务拦截数十万欺诈用户,拦截数十亿不良资产,减少数百万人力成本,累计与近 500 家社会金融机构合作,帮助其提升了整体风险防控水平。

(四) 保险领域

1. 保险大数据应用层面

精准营销、产品设计、风险控制、企业内部运营精细化管理都是保险机构在新生态上着手发力并提升综合适应力的环节。长期以来,保险行业已经积累了大量的高价值的数据,这些数据是保险行业的天然优势。当前对大数据能进行深入挖掘和利用的保险公司还不多,很多小保险公司还处在不用、不会用和胡乱用的阶段,没有对大数据的无形力量引起足够重视。

在保险公司的核心竞争力产品中,基于大数据下的产品通常具有定制性、分类性、融合性和实效性,相比传统产品有很大优势。定制性是针对不同性别、年龄、爱好、消费水平的人群差异化开发产品,分类性是指保险公司结合大数据对某些热销产品进行分类开发的方式,融合性是指在一个产品中一揽子保障计划的提供,时效性是指在信息时代、保险产品同质化的大环境下,保险公司需要在突发情况下及时推出产品,吸引社会的关注。

与此同时,大数据的发展还是存在一定风险的,特别是数据风险。大数据营销在保险行业一定会成为主流,那么到时候客户的信息安全如何得到保障,这将是客户最为担心也该是保险公司最为重视的部分。

近日,上海健康保险交易平台正式启用,其中,连接医疗机构与保险机构数据通道并进行数据支撑的,正是"上海健康保险大数据服务平台"。该平台由上海市卫生健康委整合社会技术资源,会同上海健交科技公司开发建设,在建立客户的授权关系基础上,充分保护个人隐私,为健康保险机构在核保、理赔、产品研发等环节提供人工智能和大数据服务。以往,患病后需要理赔的市民总要医院、保险公司两头跑,数据贯通后,健康信息就能"一步到位",为市民省去不少麻烦,使理赔服务变得更便捷、更高效。"上海健康保险大数据服务平台"目前已通过上海保险交易所、中国平安、好人生科技等机构的前期测试,得到了参与各方的高度评价,已具备向社会开放服务的能力。

2. 大数据对保险营销的影响

数字化科技赋能成为保险公司精细化管理和营销模式转型的必由之路。一方面,移动互联网飞速发展,极大改变了客户的消费方式和行为,使其形成线上消费习惯。另一方面,大数据、人工智能等新技术解决了保险公司和客户之间的信息不对称,互联网营销渠道改善了用户承保体验,有效降低了保费交易成本,直接提升终端销售成功率,使得保险公司的运营效率更快、经营成本更低、服务质量更好。大数据等新技术的运用为保险营销模式带来新的方向。

3. 个性化需求改变传统营销模式

随着消费市场的不断升级,以及保险消费主力群体的年龄结构变化,专业定制化保险推送已成为当下主流,原有传统保险中介代理的营销模式难以满足客户个性化产品需求和服务体验。在此市场环境变化情况下,目前大型保险公司均运用大数据和云计算对用户数据、用户信息、用户偏好进行全面挖掘分类,从而清晰掌握目标客户的保险产品和服务需求,同时通过互联网渠道为客户提供专属的产品方案和便捷投保理赔服务,以产品和服务赢得客户信任。这种以客户为中心的营销模式将成为大势所趋,也将逐步取代熟人推荐、电话销售等传统营销方式。

4. 减少中间销售环节精准对接客户

传统保险营销主要依托各类中介完成客户对接,一方面,保险公司需支付较高的中介佣金成本,在确保不亏损经营的前提下,无法投放更多资源到客户前端;另一方面,由于承保信息不对称,部分中介渠道的管理不规范,加之保险属于低频交易,1年互动频次平均为1~2次,客户与保险公司之间的黏性不强。大数据可对现有客户购买习惯、潜在客户保险需求以及流失客户转保原因进行精准分析,对客户群实现更加精准的定位和细分。保险公司应通过构建互联网等直销直控渠道,打造线上投保、缴费、打单等全流程运营,以绕开中介渠道多层级流转,切实减少中间环节产生的人财物交易成本,将所节约成本直接让利客户,转换为高质量的增值服务,最终形成优质低价的产品销售服务体系,达成客户满意、公司发展的双赢局面。

5. 新技术助推多样化营销模式

一是针对社会兼职营销员和分散性客户开发手机端销售平台;二是通过建立年轻客户群大数据信息库,在微信、微博等大流量自媒体开展多样化的营销活动,实现平台化、社交化的营销服务模式,帮助保险公司不断扩大年轻主力消费群体影响范围,实现品牌价值营销。

第二节　云计算＋金融

一、云计算的概念

云计算(Cloud Computing)是分布式计算的一种,指的是通过网络"云"将巨大的数据计算处理程序分解成无数个小程序,然后通过多部服务器组成的系统处理和分析这些小程序,把所得结果返回给用户。云计算早期的原理是通过简单的分布式计算,解决任务分发,并进行计算结果的合并。因而,云计算又称为网格计算。通过这项技术,可以在很短的时间内(几秒钟)完成对数以万计的数据的处理,从而达到强大的网络服务。云计算是一种服务,由一个可配置的共享资源池组成,用户能够按需使用资源池中的网络、服务器、存储设备、应用和服务等资源,几乎不需花费任何精力去管理。相比传统的自建或租用数据中心方式,云计算让我们能够像使用水、气、煤、电一样使用 IT 基础服务。

从广义上说,云计算是与信息技术、软件、互联网相关的一种服务,这种计算资源共享池叫作"云",云计算把许多计算资源集合起来,通过软件实现自动化管理,只需要很少的人参与,就能让资源被快速提供。计算能力作为一种商品,可以在互联网上流通,就像水、电、煤气一样,可以方便地取用,且价格较为低廉。总之,云计算不是一种全新的网络技术,而是一种全新的网络应用概念,云计算的核心概念就是以互联网为中心,在网站上提供快速且安全的云计算服务与数据存储服务,让每一个使用互联网的人都可以使用网络上的庞大计算资源与数据中心。

互联网自 1960 年开始兴起,主要用于军方、大型企业等之间的纯文字电子邮件或新闻集群组服务,直到 1990 年才开始进入普通家庭。随着 Web 网站与电子商务的发展,网络已经成为了目前人们离不开的生活必需品之一。云计算这个概念首次在 2006 年 8 月的搜索引擎会议上提出,成为了互联网的第三次革命。

云计算已经成为信息技术产业发展的战略重点,全球的信息技术企业都在向云计算转型。举例来说,每家公司都需要做数据信息化,存储相关的运营数据,进行产品管理、人员管理、财务管理等,而进行这些数据管理的基本设备就是计算机。

对于一家企业来说,一台计算机的运算能力是远远无法满足数据运算需求的,那么公司就要购置一台运算能力更强的计算机,也就是服务器。对规模比较大的企业来说,一台服务器的运算能力显然还是不够的,那就需要企业购置多台服务器,甚至搭建一个具有多台服务器的数据中心,而且服务器的数量会直接影响这个数据中心的业务处理能力。除高额的初期建设成本之外,运营支出的电费非常高,再加上维护支出,这些费用是中小型企业难以承担的。

在云计算出现之前,传统的 IT 部署架构是"烟囱式"的,即"专机专用"系统。在这种部署架构下,一个应用系统部署在一个服务器上,再配套存储设备和网络。在互联网早期,如果用户希望建设一个属于自己的网站,需要先找 IT 服务商租用硬件设备,通过每年支付一笔昂贵的租金获得网站的计算、存储和网络资源,之后网站的建设、维护都要自己负责。应用系统较多、规模较大的企业,如互联网公司、银行等,往往会自己建立数据中心,购置服务器、存储设备等硬件,在有新的应用系统要上线的时候,通过分析其资源需求,确定基础架构所需的计算、存储、网络等设备的规格和数量。在这种部署模式下,硬件的配置和应用系统需要的资源很难完全实时匹配,例如在"双十一"时,淘宝、天猫等购物网站的业务量猛增,对 IT 资源的需求也相应增加。而在常规情况下,这些应用系统则不需要这么多的 IT 资源,如果按照"双十一"当天的资源需求量来配置资源,则会造成整体 IT 资源的利用率非常低。类似的情况还有中国的春运问题,因为不可能按照春节的运力要求建设铁路,所以一票难求的问题就总是存在。另外,在"专机专用"的部署模式下,一旦搭载该应用系统的硬件设备宕机,对应的应用系统随即也无法使用,这将严重影响业务的开展。

2010 年,云计算风起云涌。相比烟囱式的传统部署架构,云基础架构在原有的计算、存储、网络硬件层的基础上增加了虚拟化层和云层。通过将基础硬件设备虚拟化,屏蔽了硬件层自身的差异性和复杂度,形成统一资源池,并通过云层对资源进行统一调度,支持不同应用系统实时的动态调整资源需求,实现真正的资源按需配置,不仅提升 IT 资源的利用效率,而且有效降低应用系统对硬件的依赖性,保障系统稳定。

基于云基础架构的云计算服务能够按照用户需求提供资源配置,通常云计算服务厂商会提供云主机、云硬盘、云数据库等各类产品。以云主机为例,用户能够自主选择云主机的 CPU(中央处理器)数量、内存大小、镜像、系统盘和数据盘的容量等配置,并根据配置按年、按月或者按流量付费,这极大地方便了用户动态使用 IT 资源,并逐渐成为主流的 IT 服务方式。

二、云计算的特征

云计算的可贵之处在于高灵活性、可扩展性和高性比等,与传统的网络应用模式相比,其具有如下优势与特点。

(一)虚拟化技术

虚拟化突破了时间、空间的界限,是云计算最为显著的特点,虚拟化技术包括应用虚拟和资源虚拟两种。物理平台与应用部署的环境在空间上是没有任何联系的,是通过虚拟平台对相应终端操作完成数据备份、迁移和扩展等。

(二)动态可扩展

云计算具有高效的运算能力,在原有服务器基础上增加云计算功能能够使计算速度迅速提高,最终实现动态扩展虚拟化的层次,达到对应用进行扩展的目的。

（三）按需部署

计算机包含了许多应用、程序软件等，不同的应用对应的数据资源库不同，所以用户运行不同的应用需要较强的计算能力对资源进行部署，而云计算平台能够根据用户的需求快速配备计算能力及资源。

（四）灵活性高

目前市场上大多数 IT 资源、软硬件都支持虚拟化，如存储网络、操作系统和开发软、硬件等。虚拟化要素统一被放在云系统资源虚拟池当中进行管理，可见云计算的兼容性非常强，不仅可以兼容低配置机器、不同厂商的硬件产品，还能够外设获得更高性能计算。

（五）可靠性高

倘若服务器故障也不影响计算与应用的正常运行。因为单点服务器出现故障可以通过虚拟化技术将分布在不同物理服务器上面的应用进行恢复，或也可利用动态扩展功能部署新的服务器进行计算。

（六）性价比高

将资源放在虚拟资源池中统一管理在一定程度上优化了物理资源，用户不再需要昂贵、存储空间大的主机，可以选择相对廉价的 PC 组成云，一方面减少费用，另一方面计算性能不逊于大型主机，可以达到提高效率的目的。

三、云计算的分类

（一）服务形式分类

云计算有 3 种服务形式：IaaS（Infrastructure as a Service，基础即服务）、PaaS（Platform as a Service，平台即服务）、SaaS（Software as a Service，软件即服务）。三者的区别可以用吃包子来类比。

在本地部署的 IT 设施就像在家自己制作包子，需要从包子馅、配料、面团等原始材料开始准备，耗费大量时间和精力，经过包包子、蒸包子等过程，最终享用美食。

IaaS 则类似于从超市买回速冻包子，能够省下前期所有包包子的准备工作，直接上蒸笼蒸包子，最后享用即可。IaaS 公司为用户提供场外服务器、存储和网络硬件，为用户省去了装修机房、购置硬件设备、部署网线等"原材料加工"的工作，不仅节省了硬件维护成本和办公场地，而且用户可在任何时候利用这些硬件来运行其应用。

PaaS 就像叫外卖，不仅省下了包包子的劳动，也不需花费时间去蒸包子，可直接在餐桌上享用。PaaS 公司在网上提供各种开发和分发应用的解决方案，如虚拟服务器和操作系统。这不仅节省了用户在硬件上的费用,也让分散的工作室之间的合作变得更加容易。

SaaS仿佛是去包子店吃包子,省去了所有的工作,甚至收拾餐桌、准备酸梅汁、刷锅刷碗都无需再做,只需支付一定金额,即可享用美味和服务。SaaS大多通过网页浏览器来接入,即任何远程服务器上的应用都可以通过网络来运行。

在三种服务形式中,IaaS作为云计算的基础层,技术壁垒和产品标准化程度最高,市场发展速度最快,在全球范围内都属于云计算行业的兵家必争之地。

(二)产品角度分类

从产品角度来看,云计算又可分为公有云、私有云和混合云三类产品。

公有云通常指第三方提供商为用户提供的能够使用的云,公有云一般可通过互联网使用,可能是免费或成本低廉的,其核心属性是共享资源服务。这种云有许多实例,可在当今整个开放的公有网络中提供服务。公有云企业利用自有的基础设施直接向外部用户提供服务,用户通过互联网访问云服务。公有云企业的客户往往覆盖多个行业,因此需要提供全面、丰富的产品线,保障服务的安全性和稳定性,同时还要能够满足灵活采购、快速调配的需求。这对企业的技术水平、资金规模和运营能力都有较高的要求。目前公有云市场的用户以中小企业和科技属性企业为主,未来大型企业和传统企业也将逐步迁移至公有云,市场发展空间巨大。

私有云是为一个用户单独使用而构建的,提供对数据、安全性和服务质量的最有效控制。用户拥有基础设施,并可以控制在此基础设施上部署应用程序的方式。私有云可部署在企业数据中心的防火墙内,也可以将它们部署在一个安全的主机托管场所,其核心属性是专有资源。中国独特的IT投入结构使得私有云规模较大,部分私有云未来将向公有云迁移或采用混合云。

混合云指的是用户的云架构中既包括公有云也包括私有云。该产品不仅要求数据能够在公有云和私有云之间便捷迁移,而且需要兼顾系统的安全性和经济性。混合云一方面是公有云企业吸引私有云用户迁移的市场策略;另一方面也是符合中国国情的一种云模式,具有较大的市场空间,未来将由公有云企业领导。整体来看,公有云服务由技术和产品驱动,马太效应强,国外市场已经呈现出寡头垄断的格局,国内巨头的先发优势也开始显现。私有云服务对企业的客户资源、销售能力要求更高,马太效应相对较弱,市场分散度高。公有云产品是云计算业最理想的切入点,容易形成一定规模体量的企业。

四、云计算在金融领域的应用

金融机构在新兴技术应用方面很谨慎，这可以让人理解。就数据隐私和安全性而言，金融服务是受监管最严格和经常审查的行业之一。随着云应用的增加，金融服务行业逐渐开始采用云计算。根据 2017 年的一项调查，72％的美国金融机构财务高管表示他们未来将使用基于云计算的解决方案或计划这样做，这比 2016 年调查中的 62％有所增加。调研机构高德纳（Gartner）公司分析师表示，到 2020 年，将近 40％的企业将使用云计算来支持超过一半的交易记录系统。

（一）银行领域

在银行领域，云计算主要应用于 IT 运营管理和开放型底层平台等方面。应用云计算技术搭建开放云平台，可以借助 API 方式构建全面金融服务生态圈，提供生活缴费、资讯查询、网上购物等"金融＋非金融"服务，依托金融服务与生活场景的结合提升金融账户价值。

银行云计算可以增强数据安全性——推进零售业务、网上服务的运作模式发展以及客户需求个性化服务；增强银行数据的存储能力和可靠性；降低银行成本，提高银行运营效率。云计算可服务于以下 3 点不同的零售场景：

（1）产品销售。云计算可用于一站式产品营销，客户可通过统一的界面，在不同渠道（无论是网银、手机 App 还是其他渠道）查询到所有银行及其他金融机构发布的所有可购买的金融产品，并用任何一张持有的银行卡购买所需的任何金融产品。客户还可以建立圈子，加强群体之间的理财交流，可向银行提交产品创新建议，由银行收集群体创意后专门设计产品并定向销售。

（2）网点服务。通过云实现不同银行之间的网点服务资源共享。客户可根据所要办理的业务品种，通过电脑、手机等联网设备实时查询最近网点、预计排队或等待时间最少的网点，并实时了解网点业务资源；可以通过联网设备进入网点排队系统，并填写某些业务的预填单。

（3）账户信息。客户可通过一个界面获得其名下所有银行、基金、保险的账户实时信息，包括整合的资产、交易明细等。客户还可以获得基于对其本身以及同类的消费与理财行为智能分析得出的针对性的消费建议、理财建议，甚至相应的产品推荐。

（二）证券基金领域

在证券基金领域，云计算主要应用于客户端行情查询和交易量峰值分配等方面。

通过业务系统整体上云，在数据库分库、分表的部署模式下，可实现相当于上千套清算系统和实时交易系统的并行运算。

以申银万国证券公司为例，该公司于 2009 年完成建设企业云计算平台项目并带来了新的业务和良好经济效益。该项目具有以下五个特点：①应用虚拟化技术构建共享数据中心，实现了资源的按需分配和海量数据的可靠处理；②构建了基于多点冗余和有效隔离原则的云计算可信网络平台；③提供了面向证券行业的标准化业务平台云服务；④架构了高性能应用基础平台云服务；⑤实现了多种网上应用系统的部署和运行，形成了以统一化、标准化和自动化为特征的企业云计算平台运维管理体系。

（三）保险领域

在保险领域，云计算主要应用于个性化定价和产品上线销售等方面。定制化云软件能够快速分析客户实时数据，提供个性化定价，还能够通过社交媒体为目标客户提供专门的保险服务。

案例 2-1：阿里云

阿里云成立于 2009 年，并于 2011 年作为中国第一个公有云正式对外开放，发展至今，已成为中国云计算市场的龙头。其云计算的基础服务业务包括弹性计算、数据库、存储 CDN、分析与搜索、云通信、网络、管理与监控、移动服务和视频服务等。阿里云的基础服务不但提供了最基础的运算和存储业务，还为用户提供管理和分析数据的工具。

2016 年阿里云发布一站式大数据平台"数加"，平台产品覆盖数据采集、计算引擎、数据加工、数据分析、机器学习、数据应用等数据生成全链条，可以直接为用户提供大数据增值和 AI 服务。同时，数加向有数据开发能力的团队开放，他们可以借助数加平台上的工具为各行各业提供数据服务。目前，阿里云已经发布的 AI 产品包括语音交互、印刷文字识别、人脸识别和机器学习，能够应用于十余个场景。我们预计，未来阿里云将会有更多 AI 产品，应用于更广泛的领域。

阿里云服务着制造、金融、政务、交通、医疗、电信、能源等众多领域的领军企业，包括中国联通、12306、中石化、中石油、飞利浦、华大基因等大型企业客户，以及微博、知乎、锤子科技等明星互联网公司。在天猫"双十一"全球狂欢节、12306 春运购票等极富挑战的应用场景中，阿里云保持着良好的运行纪录。阿里云在全球各地部署高效节能的绿色数据中心，利用清洁计算为万物互联的新世界提供源源不断的能源动力，目前开服的区域包括中国（华北、华东、华南、香港）、新加坡、美国（美东、美西）、欧洲、中东、澳大利亚、日本。2014 年,阿里云曾帮助用户抵御全球互联网史上最大的 DDoS 攻击,峰值流量达到每秒 453.8Gb。在 Sort Benchmark 2016 排序竞赛 CloudSort 项目中,阿里云以 1.44 ＄/TB 的排序花费打破了 AWS 保持的 4.51 ＄/TB 纪录。在 Sort Benchmark 2015,阿里云利用自研的分布式计算平台 ODPS,377 秒完成 100TB 数据排序,刷新了 Apache Spark 1 406 秒的世界纪录。

第三节　区块链＋金融

一、区块链的概念

区块链是分布式数据存储、点对点传输、共识机制、加密算法等计算机技术的新型应用模式。区块链是比特币的一个重要概念,它本质上是一个去中心化的数据库,同时作为比特币的底层技术,是一串使用密码学方法相关联产生的数据块,每一个数据块中包含了一批次比特币网络交易的信息,用于验证其信息的有效性(防伪)和生成下一个区块。

《比特币白皮书》英文原版其实并未出现 block chain 一词,而是使用的 chain of blocks。最早的中文翻译版中,将 chain of blocks 翻译成了区块链。

二、区块链的特征

(一)去中心化

区块链技术不依赖额外的第三方管理机构或硬件设施,没有中心管制,除了自成一体的区块链本身,通过分布式核算和存储,各个节点实现了信息自我验证、传递和管理。去中心化是区块链最突出、最本质的特征。

(二) 开放性

区块链技术基础是开源的,除了交易各方的私有信息被加密外,区块链的数据对所有人开放,任何人都可以通过公开的接口查询区块链数据和开发相关应用,因此整个系统信息高度透明。

(三) 独立性

基于协商一致的规范和协议(类似比特币采用的哈希算法等各种数学算法),整个区块链系统不依赖其他第三方,所有节点能够在系统内自动安全地验证、交换数据,不需要任何人为的干预。

(四) 安全性

只要不能掌控全部数据节点的 51%，就无法肆意操控修改网络数据，这使区块链本身变得相对安全，避免了主观人为的数据变更。

(五) 匿名性

除非有法律规范要求，单从技术上来讲，各区块节点的身份信息不需要公开或验证，信息传递可以匿名进行。

三、区块链的发展历程和展望

(一) 技术实验阶段 (2007～2009)

化名中本聪的比特币创始人从 2007 年开始探索用一系列技术创造一种新的货币——比特币，2008 年 10 月 31 日《比特币白皮书》发布，2009 年 1 月 3 日比特币系统开始运行。支撑比特币体系的主要技术包括哈希函数、分布式账本、区块链、非对称加密、工作量证明，这些技术构成了区块链的最初版本。从 2007 年到 2009 年年底，比特币都处在一个极少数人参与的技术实验阶段，相关商业活动还未真正开始。

(二) 极客小众阶段 (2010～2012)

2010 年 2 月 6 日第一个比特币交易所诞生，5 月 22 日有人用 10 000 个比特币购买了 2 个披萨。2010 年 7 月 17 日，著名比特币交易所 Mt.gox 成立，这标志着比特币真正进入了市场。尽管如此，能够了解到比特币，从而进入市场中参与比特币买卖的主要是狂热于互联网技术的极客们。他们在 Bitcointalk.org 论坛上讨论比特币技术，在自己的电脑上挖矿获得比特币，在 Mt.gox 上买卖比特币。仅仅几年时间，这些技术宅中的一些人成了亿万富翁和区块链传奇。

(三) 市场酝酿阶段 (2013～2015)

2013 年初 1 枚比特币价格 13 美元；3 月 18 日，金融危机中的塞浦路斯政府关闭银行和股市，推动比特币价格飙升；4 月最高至 266 美元。8 月 20 日，德国政府确认比特币的货币地位。10 月 14 日，中国百度宣布开通比特币支付。11 月，美国参议院听证会明确了比特币的合法性。11 月 19 日，比特币达到 1 242 美元新高。然而，此时区块链仍不具备进入主流社会经济的基础，价格飙升包含了过于乐观的预期。中国银行体系遏制比特币、Mt.Gox 倒闭等事件触发大熊市，比特币价格持续下跌，2015 年初一度至 200 美元以下，许多企业倒闭。大众开始了解比特币和区块链，尽管还不能普遍认同。

（四）进入主流阶段（2016～2018）

以 2016 年 6 月 23 日英国脱欧、2016 年 9 月朝鲜第五次核试验、2016 年 11 月 9 日特朗普当选美国总统等事件为标志，世界主流经济不确定性增强，具有避险功能，与主流经济呈现替代关系的比特币开始复苏，市场需求增大，交易规模快速扩张，开启了 2016～2017 年的牛市。尽管中国市场受到政策的严厉遏制，但韩国、日本、拉美等市场快速升温，1 枚比特币价格从 2016 年初的 400 美元最高飙升至 2017 年底的 20 000 美元，翻了 50 倍。比特币的造富效应，以及比特币网络拥堵造成的交易溢出带动了其他虚拟货币以及各种区块链应用的大爆发，出现众多百倍、千倍甚至万倍增值的区块链资产，引发全球疯狂追捧，比特币和区块链彻底进入了全球视野。芝加哥商品交易所上线比特币期货交易标志着比特币正式进入主流投资品行列。

（五）产业落地阶段（2019～2021）

在市场狂乱之后，2018 年的虚拟货币和区块链在市场、监管、认知等各方面进行调整，回归理性。2017 年造富效应和区块链理想造就的众多区块链项目中，大部分随着市场的降温而消亡，小部分坚持下来继续推进区块链的落地。2019 年这些项目将会初步落地，但仍需要几年时间接受市场的检验，这就是一个快速试错过程，企业产品的更迭和产业内企业的更迭都会比较快。到 2021 年，在区块链适宜的主要行业领域应该会有一些企业稳步发展起来，加密货币也会得到较广泛应用。

（六）产业成熟阶段（约 2022～2025）

各种区块链项目落地见效之后，整个产业链会进入激烈而快速的市场竞争和产业整合阶段，三五年内形成一些行业龙头，完成市场划分，区块链产业格局基本形成，相关法律法规基本健全，区块链对社会经济各领域的推动作用快速显现，加密货币将成为主流货币，经济理论会出现重大调整，社会政治文化也将发生相应变化，国际政治经济关系出现重大调整，区块链在全球范围内对人们的生活产生广泛而深刻的影响。

自 2015 年起，基于区块链系统的去中心化、开放性、信息无法篡改的技术可以被移植到金融、科技、司法等更多领域中。区块链应用开发和投资项目增加，全球大型金融机构也相继成立联盟或投资区块链初创企业。

如今，比特币仍是数字货币的绝对主流，数字货币呈现了百花齐放的状态，常见的有 bitcoin、litecoin、dogecoin、dashcoin，除了货币的应用之外，还有各种衍生应用，如以太坊 Ethereum、Asch 等底层应用开发平台以及 NXT、SIA、比特股、MaidSafe、Ripple 等行业应用。

四、区块链的类型

(一) 公有区块链

公有区块链(Public Block Chains),世界上任何个体或者团体都可以发送交易,且交易能够获得该区块链的有效确认,任何人都可以参与其共识过程。公有区块链是最早的区块链,也是应用最广泛的区块链,各大比特币系列的虚拟数字货币均基于公有区块链,世界上有且仅有一条该币种对应的区块链。

(二) 行业(联合)区块链

行业区块链(Consortium Block Chains),由某个群体内部指定多个预选的节点为记账人,每个块的生成由所有的预选节点共同决定(预选节点参与共识过程),其他接入节点可以参与交易,但不过问记账过程(本质上还是托管记账,只是变成分布式记账,预选节点的多少、如何决定每个块的记账者成为该区块链的主要风险点),其他任何人可以通过该区块链开放的 API 进行限定查询。

(三) 私有区块链

私有区块链(Private Block Chains),仅仅使用区块链的总账技术进行记账,可以是一个公司,也可以是个人,独享该区块链的写入权限,本链与其他的分布式存储方案没有太大区别。传统金融都是想实验尝试私有区块链,公链的应用如比特币已经工业化,而私链的应用产品还在摸索当中。

五、区块链在金融领域的应用

与区块链技术相匹配的金融场景一般具有 3 个显著特点,即参与节点多、验真成本高和交易流程长。其中,资产证券化、保险、资产托管是较为典型的三大应用场景,通过剖析区块链技术在这三个金融场景中的应用,能够揭示区块链在金融领域应用的普适特性,从而实现其他场景应用的延伸和复制。

(一) 资产证券化领域

近年来,国内资产证券化(以下简称 ABS)发行特别是消费金融 ABS 呈现出高速增长的趋势。万得(Wind)数据显示,2017 年 ABS 共发行产品 644 单,发行金额达 14 346.59 亿元,分别同比增长 31.7% 和 63.71%。消费金融 ABS 的发行规模更是成倍数增长,从产品发行数量和发行总额来看,2017 年分别是 2016 年的 3.6 倍和 5.6 倍。但 ABS 行业快速发展的同时,资产现金流管理有待完善、底层资产监管透明性和效率亟待提高、资产交易结算效率低下、增信环节成本高昂等问题也逐渐暴露出来。

在 ABS 领域应用区块链技术,首先需要参与方共筑 ABS 区块链联盟,该联盟由资产方、Pre-ABS 投资人、SPV(信托)、托管银行、管理人、中介机构、ABS 投资人、交易所共同组成。其核心业务包括资金交易对账、交易文件管理、数据交互接口、信息发布共享、底层资产管理、智能 ABS 工作流等。区块链应用至少可以在以下五个方面为 ABS 行业赋能。

(1) 改善 ABS 的现金流管理。①区块链技术应用于 ABS 可以缩减银行等机构服务成本,可实现自动账本同步和审计功能,极大地降低参与方之间对账成本,解决信息不对称问题。同时,可以降低参与方对接的技术成本。②利用智能合约功能实现款项自动划拨、资产循环购买和自动收益分配等功能。在完成多方共识的基础上,有效降低人工干预造成的业务复杂度和出错概率,显著提升现金流管理效率。

(2) 有利于穿透式监管。区块链技术应用于 ABS 领域,既能确保 ABS 底层资产的真实性,又能够看到最底层资产的风险,从而使监管部门更有效地监督金融机构适度使用金融杠杆,合理地利用 ABS 手段,充分盘活沉淀资产。特别是在资管新规下,金融机构对底层资产穿透的需求愈加强烈。区块链实现的分布式账本技术有望在 ABS 底层资产穿透、提升监管水平方面发挥其重要作用。

(3) 提高金融资产的出售结算效率。区块链技术应用于 ABS 使得金融债权资产转让效率大大提高,流动性需求与资产转让时效不匹配的问题得到有效解决。例如,贷款出售是非常烦琐、耗时的,结算一般花费几周时间,通过区块链技术,可绕过中间支付清算系统,实现点对点即时支付,从按日结算缩短到按分钟结算,大大缩减支付到账时间,结算效率大大提高。

(4) 证券交易的效率和透明度将大大增强。通过区块链进行 ABS 产品交易,可使更广泛的参与者在去中心化的交易平台上自由完成交易,可实现 7×24 小时不中断交易。认可这一"区块"价值的机构可以接受"区块链"代表的证券持有人再融资,不用担心对应证券资产的转移和"双花",因为每一笔交易都公开透明,可追本溯源。

(5) 降低增信环节的转移成本。由于通常对应了多笔资产,每笔资产对应着不同的外部担保,因此在实践中 ABS 没有真正实现担保随同金融债权资产的转让,只是通过法律条款约定了保留完善担保的权利,在真正出现需要履行担保的情况时再转移担保。基于区块链技术建立点对点的增信保障平台,可有效降低增信转移的成本。

(二) 保险领域

区块链技术可被应用于保险市场的产品、渠道、理赔、反欺诈等多个环节,重塑保险行业新生态。

　　在保险产品设计环节,区块链有利于促进定制化属性较强的保险品类突破瓶颈,快速发展,如农业保险、产品质量保险等。农业保险在乡村振兴过程中发挥着重要作用,但在传统模式下,由于评估流程复杂、成本较高,农户的投保意愿和保险公司的承保热情一直不高,农业保险始终未能实现爆发式增长。以畜牧业保险中的生猪保险为例,传统模式下,当养殖户想为生猪投保时,保险公司必须现场查看,评估风险后再确定是否能够承保。如果应用区块链和人工智能技术,保险公司可以借助"猪脸识别"技术为每一头猪建立可辨识的唯一编码,实时监测每一头猪的行动轨迹、进食情况等,并将这些数据信息入链,据此判断猪的健康状况,预防疫病发生。

　　品质保险能够为企业信誉背书,同时保障消费者权益。保险公司承保品质保险需要对企业、产品进行综合评估,但这些数据往往很难真实有效地收集,从而制约了品质保险的发展。通过基于区块链的底层技术建立产品溯源防伪应用平台,可以帮助保险公司轻松追溯产品生产、加工、销售、购买、投诉等各个环节的信息,有效判断相关产品的质量缺陷发生率,制定保险产品,促进消费升级和产业升级。

　　在保险销售环节,区块链技术的应用可以简化销售流程,节省销售成本,实现保险销售溯源。从保险公司的角度看,意愿投保人通过渠道购买保单,渠道商将投保人信息统一发送到区块链平台,平台根据分布存储的信息判断意愿投保人是否在白名单内,若符合标准,则接受购买请求,省去了以往人工传送、受理、审核、反馈等繁冗的流程。从消费者角度看,区块链技术可以实现保险销售行为可溯源,维护消费者合法权益。保险销售市场一直乱象丛生,通过欺骗、隐瞒或者诱导的方式对保险产品进行虚假宣传的现象屡禁不止。区块链技术可以为保险销售各个环节的关键动作上链,实现全流程的销售动作可追溯,从而规范保险销售行为,促进行业持续健康稳定发展。

　　在保险理赔环节,区块链技术的应用能够提高理赔效率,提升客户体验。理赔和损失处理流程是保险市场的重要流程。复杂的理赔流程增加了成本,降低了理赔效率,影响了客户体验。智能合约技术可以简化索偿提交程序,减少人工审查需要,缩短处理周期。同时,通过分布式账本中的历史索偿和资产来源记录,可更加容易地识别可疑行为。

　　在保险反欺诈领域,应用区块链技术可有效防止骗保事件的发生。保险欺诈不仅侵蚀保险公司的利润,还有损其他保险消费者的合法权益。尽管各个保险公司在保险反欺诈上都进行了不少努力,但现实情况依旧严峻。区块链技术至少可以在以下两个方面帮助保险行业缓解甚至化解这一顽疾:一是建立反欺诈共享平台,通过历史索偿信息减少欺诈和加强评估;二是通过使用可信赖的数据来源及编码化商业规则建立"唯一可识别的身份信息",防止冒用身份。

（三）资产托管领域

近年来，全球资产托管行业进入高速发展的快车道，托管资产规模和主要托管产品保持高速增长。2016 年年末，我国资产托管存量规模达 121.92 万亿元，同比增长 39.03％，但这一规模同国际先进同业相比仍然存在一定差距，仍然存在较大的发展空间。同时，内部程序复杂、系统不完善、运营失当，以及外部事件冲击等引起的操作风险成为资产托管行业进一步发展的主要障碍。

以私募基金行业中的托管为例，在合同签署环节：①部分私募基金管理人可能并未严格按照先签署合同、后进行运作的要求进行管理，而是在尚未签署基金合同的情况下就开始了基金运作，从而严重影响了私募基金托管人的合同回收与管理；②合同签署人的身份无法可靠验证，合同原件和证券公司印章存在被恶意造假的可能，从而形成"阴阳合同"。

在合同变更环节：①在签署补充协议或签署合同变更征询意见函等需要投资者签字的情况下，托管人无法实际接触到投资者，无法进行实质审核，因而存在非法仿冒投资人签署协议的风险；②在基金管理人需通知投资者拟变更合同的情况下，托管人同样无法确保管理人已及时通知投资者并安排了基金临时开放供投资者赎回份额，因此存在投资者对合同变更事项不知情，甚至未实际同意合同变更的风险。

应用区块链中的智能合约技术，能够有效解决资产托管业务中的操作风险。具体来看，可以从以下方面优化资产托管的业务流程：①实现全流程的自动化，将业务指令判断和执行规则封装到智能合约中，利用智能执行合同和提供风险提示；②提升流程效率，资产委托方、管理方、托管方、代销方在资产变动、交易明细等信息的实时共享，免去反复校验、确权的过程；③保证履约的安全性和交易的真实性，通过设置密钥保证参与方信息正式、账本信息的有限可见性及交易的可验证性；④确保信息的不可篡改，将投资计划的合规校验要求放在区块链上，确保每笔交易都在形成共识的基础上完成。

第四节　人工智能＋金融

一、人工智能的概念

人工智能（Artificial Intelligence，AI）是研究、开发用于模拟、延伸和扩展人的智能的理论、方法、技术及应用系统的一门技术科学。

人工智能是计算机科学的一个分支,它企图了解智能的实质,并生产出一种新的能以与人类智能相似的方式作出反应的智能机器,该领域的研究包括机器人、语言识别、图像识别、自然语言处理和专家系统等。人工智能从诞生以来,理论和技术日益成熟,应用领域也不断扩大,未来人工智能带来的科技产品,将会是人类智慧的"容器"。人工智能可以模拟人的意识、思维的信息过程。人工智能不是人的智能,但能像人那样思考,也可能在某些领域超过人的智能。

人工智能是一门极富挑战性的科学,从事这项工作的人必须懂得计算机知识、心理学和哲学。人工智能是包括十分广泛的科学,它由不同的领域组成,如机器学习、计算机视觉等。人工智能研究的一个主要目标是使机器能够胜任一些通常需要人类智能才能完成的复杂工作。不同的时代、不同的人对这种"复杂工作"的理解是不同的。2017 年 12 月,人工智能入选"2017 年度中国媒体十大流行语"。

二、人工智能发展历程

1956 年夏季,以麦卡锡、明斯基、罗切斯特和申农等为首的一批有远见卓识的年轻科学家在一起聚会,共同研究和探讨用机器模拟智能的一系列有关问题,并首次提出了"人工智能"这一术语,它标志着"人工智能"这门新兴学科的正式诞生。IBM 公司"深蓝"电脑击败了人类的世界国际象棋冠军更是人工智能技术的一个完美表现。

从 1956 年正式提出人工智能学科算起,人工智能技术已经取得长足的发展,成为一门广泛的交叉和前沿科学。总的说来,人工智能的目的就是让计算机这台机器能够像人一样思考。如果希望制造出一台能够思考的机器,那就必须知道什么是思考,更进一步讲就是什么是智慧。什么样的机器才是智慧的,如汽车、火车、飞机、收音机等,它们可以模仿我们身体器官的部分功能,但是能不能模仿人类大脑的功能呢? 到目前为止,我们对大脑这个由数十亿个神经细胞组成的器官知之甚少,模仿它或许是天下最困难的事情了。

当计算机出现后,人类开始真正有了一个可以模拟人类思维的工具,在以后的岁月中,无数科学家为这个目标努力着。如今人工智能已经不再是几个科学家的专利了,全世界几乎所有大学的计算机系都有人在研究这门学科,学习计算机的大学生也必须学习这样一门课程,在大家不懈的努力下,如今计算机似乎已经变得十分聪明了。例如,1997 年 5 月,IBM 公司研制的深蓝计算机战胜了国际象棋大师卡斯帕洛夫。大家或许不会注意到,在一些地方计算机帮助人进行其他原来只属于人类的工作,计算机以它的高速和准确为人类发挥着它的作用。人工智能始终是计算机科学的前沿学科，计算机编程语言和其他计算机软件都因为人工智能而得以存在。

国际普遍认为人工智能有三类，分别是弱人工智能、强人工智能和超级人工智能。弱人工智能就是利用现有智能化技术，来改善我们经济社会发展所需要的一些技术条件和发展功能。强人工智能阶段非常接近于人的智能，这需要脑科学的突破，国际上普遍认为这个阶段要到 2050 年前后才能实现。超级人工智能是脑科学和类脑智能有极大发展后，人工智能的一个终极目标。从技术发展看，从脑科学突破角度发展人工智能，现在还有局限性。

跟以往相比，新一代人工智能不但以更高水平接近人的智能形态存在，而且以提高人的智力能力为主要目标来融入人们的日常生活，如跨媒体智能、大数据智能、自主智能系统等。在越来越多的一些专门领域，人工智能的博弈、识别、控制、预测甚至超过人脑的能力，如人脸识别技术。新一代人工智能技术正在引发链式突破，推动经济社会从数字化、网络化向智能化加速跃进。

三、人工智能在金融领域的应用

（一）AI ＋ 金融智能客服

客服目前在各个行业中都扮演者越来越重要的角色，尤其是金融行业，客服部门是金融企业提升客户满意度，展示企业形象非常重要的部门。随着微信公众号、App、网页等沟通渠道的发展，以及客户交付习惯的改变，客户不再局限于通过呼叫中心与企业进行交互，而是可以通过更加便捷的在线交互方式与企业进行交互，从而使得交互数量大大增加。为维持客户服务的满意度，各个企业都要投入大量的成本。对企业来说，客服部门往往又是重要的成本中心，较难直接产生收益，这种情况已成为金融行业的一大痛点。

将人工智能应用在智能客服领域的智能客服机器人可以很好地解决金融机构在客服方面的痛点，大大节省成本，提高服务效率及客户满意度。基于人工智能在自然语言理解以及智能知识库方面的技术，智能客服机器人可以理解客户通过各种交互渠道以平常口语化的表达提出的客服问题，并基于智能知识库对客户的问题进行及时准确的答案搜索，通过自然语言的方式进行回复。智能客服机器人的知识库相较于人工客服更加强大，而且不会存在遗忘、情绪化等问题，所以会给客户更加高效、准确、专业的客服体验。

高德纳在 2011 年预计，在 2020 年，将有 85％的客户服务工作将由人工智能来完成，这是极快速爆发的市场领域。未来智能客服将成为人工智能企业与 B 端客户建立的切入点，成为 B 端客户人工智能技术的综合方案提供商。我们看好人工智能企业以智能客服作为业务的切入口，基于与客户形成的黏性，未来为客户提供包括内部员工智能服务、内部企业管理以及客服过程中营销等可能的多种新的业务模式的发展空间。

（二）AI + 金融风控

金融体系是以信用体系为基础的。2016 年 6 月底，中国人民银行征信中心覆盖人群 8.8 亿人，其中信贷记录人群有 3.8 亿人。2020 年月 11 月，其覆盖人群已经增加到 11 亿自然人和 6 000 万企业及其他组织的信用信息。

互联网、移动互联网以及电商的发展为获取小微企业和个人的多维度数据提供了可能。运用人工智能的技术手段和工具对这些大数据进行分析可以获得小微企业和个人较为全面的数字画像，可以按照一定的规则计算出该主体的信用评分作为传统金融机构和小贷公司、消费金融公司开展业务的重要依据，从而可以让之前无法享受金融服务的主体同样享受到普惠金融带来的便利。

此类智能风控领域的公司核心竞争力在于场景、数据及算法的结合。智能风控领域的人工智能创业公司都在努力开辟独特的数据获取渠道，尽可能合规而全面地获取目标对象的数据，并利用深度学习、机器学习等人工智能技术，对相关的数据进行分析，发现对确认目标对象有价值的数据信息，并按照一定的规则进行计算，确定该目标对象的综合信用评分。可能收集的信用数据领域非常广泛，包括了电商、运营商、社交媒体、金融机构、公积金管理部门、社保信息、工商登记信息、司法信息等渠道。社交关系的数据包括目标对象关注的社交媒体主体、粉丝数、口碑情况以及所在的社交圈的综合情况等。通过分析收集的大量信息，能够给目标对象一个全面的信用评分。而且随着数据量的积累，这种评分更为全面真实，比传统的征信评分更能符合目标对象的真实信用情况，可以作为金融机构向目标客户提供金融服务的重要依据。同时，通过将大数据、人工智能与风险管理深度结合，打破信息的孤岛，深度挖掘数据之间的关联，可以同时解决信贷反欺诈的风险。

目前该领域的公司主要的业务模式分为 To B 和 To C 两类。其中，To B 是指为 B 端客户，主要是中小银行、小额贷款公司和消费信贷公司，提供目标对象的信用评分，根据出具的信用评分的数量收取费用。如国内领先的第三方智能风控服务商同盾科技，目前已经向超过 7 000 家机构提供智能风控管理服务，客户覆盖银行、保险、券商、理财、电商、游戏、社交网络等领域，形成了数据的生态体系。To C 业务直接基于目标对象的信用评分为客户提供消费贷款和小额贷款，获取利息及服务费收入，对于拥有独特的信息收集维度、拥有先进算法能够对大数据进行处理已经获得 B 端客户认可的智能投顾企业，具有较高的投资价值。

(三) AI＋智能投顾

智能投顾是将人工智能与金融结合的另一个火热的领域。智能投顾作为一种新兴投资模式，近年来在美国市场快速崛起，世界知名咨询公司科尔尼（A.T. Kearney）预测，美国智能投顾行业的资产管理规模将从 2016 年的 3 000 亿美元增长至 2020 年的 2.2 万亿美元，年均复合增长率将达到 68％。全球涌现出不少知名的智能投顾平台，如 Wealthfront、Betterment、Personal Capital、Schwab Intelligent Portfolio 等。

智能投顾将人工智能具备的强大的数据分析能力、深度学习及分析能力应用于投资分析领域，基于强大的自然语言理解能力、数据分析能力大量地、不知疲惫地分析投资市场的公司定期报告、财务数据、市场传闻等信息，其信息获取和分析的效率和范围远远超过人类投资顾问的能力。通过大量数据分析作出投资决策，其准确性超越人类投资顾问丝毫也不应该惊奇。EquBot LLC、ETF Managers Group 共同推出的全球第一只应用人工智能、机器学习进行投资组合的基金 AI Powered Equity ETF 设立才短短几天，投资收益就已经超越指数跟踪性 ETF 和人类选股基金，全球投资管理行业一片震惊。

智能投顾与传统投资顾问在服务内容和服务主体方面都有所不同。传统投资顾问仅针对高净值人群进行全方位的投资咨询服务，服务成本较高；而智能投顾在降低服务成本的同时，扩大了服务人群。智能投顾相较于传统投资顾问最大的优势是降低了咨询顾问个人因素的影响，对数据的分析更为客观、全面，且比较注重风险，能够根据收益率设置止盈止损。智能投顾也有一定的劣势，智能投顾软件是人为编写的，可能遭遇恶意代码等安全威胁。智能投顾还面临法律方面的风险，由于目前这块领域的监管仍然空白，产品会存在一定的道德风险。

第三章 金融风险与风险控制

本章主要内容

  金融风险的概念、特征及种类；风险控制的概念和基本方法；新金融不同业态的概况。

本章应掌握的主要技能

  在理解和掌握新金融知识的基础上，了解金融行业存在风险的大致方向，具备风险管控的意识。

第一节 金融风险

一、金融风险的概念和特征

  风险，就是生产目的与劳动成果之间的不确定性，大致有两层含义：一种定义强调了风险表现为收益不确定性；另一种定义则强调风险表现为成本或代价的不确定性。若风险表现为收益或者代价的不确定性。说明风险产生的结果可能带来损失、获利，或是无损失也无获利，属于广义风险。所有人行使所有权的活动，应被视为管理风险，金融风险属于此类。而风险表现为损失的不确定性，说明风险只能表现出损失，没有获利的可能性，属于狭义风险。风险和收益成正比，所以一般积极进取的投资者偏向于高风险是为了获得更高的利润，而稳健型的投资者则着重于考虑安全性。风险是在一定的环境下和一定的期限内客观存在的、影响组织或个人目标实现收益的不确定性事件，风险即意味着不确定性。

（一）金融风险的概念

  金融风险是指金融变量的变动所引起的资产组合未来收益偏离其期望值的可能性和幅度。从层次上来讲，金融风险可分为微观金融风险和宏观金融风险。微观金融风险是指微观金融机构在从事金融经营活动和管理过程中发生资产或收益损失的可能性。这种损失可能性一旦转化为现实损失,就会使该金融机构遭受金融资产的亏损,甚至可能因资不抵债而破产倒闭。宏观金融风险是指整个金融体系面临的市场风险,当这种风险变为现实时,将会导致金融危机,不仅会对工商企业等经济组织产生深刻影响,对一国乃至全球金融及经济的稳定都会构成严重威胁。

（二）金融风险的特征

（1）隐蔽性。金融机构的经营活动是不完全透明的,金融风险并非金融危机爆发时才存在,金融风险一直伴随着金融活动,但常常因信用活动的表象而被掩盖其存在与大小。

（2）扩散性。一家金融机构出现支付危机,不仅危及自身的生存与发展,还会引起多家金融机构的连锁反应,最终使金融体系陷入瘫痪,从而引起社会动荡。

（3）加速性。金融机构一旦发生经营困难,会失去社会信用基础,会加速金融机构倒闭、破产的速度。

（4）可控性。控制金融风险并不是说消除风险,风险是不可能完全消除的,但是通过预测和控制,最终把金融风险降到可承受的范围之内。

二、金融风险的种类

对于金融风险的种类,从不同的角度出发会有不同的认识和不同的关注点。按照风险来源的不同,金融风险分为以下几种。

（一）市场风险

市场风险是由市场因素（利率、汇率、股价以及商品价格等）的波动导致的金融参与者的资产价值变化的风险。这些市场因素对金融参与者造成的影响可能是直接的,也可能是通过对其竞争者、供应商或者消费者所造成的间接影响。市场风险分为四类:利率风险、商品价格风险、汇率风险和股票价格风险。

（二）利率风险

利率风险是指市场利率变动的不确定性给金融参与者造成损失的可能性。巴塞尔委员会发布的《利率风险管理原则》将利率风险定义为:利率变化使商业银行的实际收益与预期收益或实际成本与预期成本发生背离,使其实际收益低于预期收益,或实际成本高于预期成本,从而使商业银行遭受损失的可能性。

（三）汇率风险

汇率风险是指汇率的不利变动导致金融参与者发生损失的风险。汇率风险一般因为从事以下活动而产生：一是为客户提供外汇交易服务或进行自营外汇交易活动（外汇交易不仅包括外汇即期交易，还包括外汇远期、期货、互换和期权等金融和约的买卖）；二是从事外币业务活动（外币存款、贷款、债券投资、跨境投资等）。

（四）股票价格风险

股票价格风险是指由于金融参与者持有的股票价格发生不利变动而带来损失的风险。

（五）商品价格风险

商品价格风险是指金融参与者持有的各类商品的价格发生不利变动而带来损失的风险。这里的商品包括可以在二级市场上交易的某些实物产品，如农产品、矿产品和贵金属等。

（六）信用风险

信用风险又称违约风险，是指金融参与者因种种原因，不愿或无力履行合同条件而构成违约，致使金融参与者遭受损失的可能性。银行存在的主要风险是信用风险，即交易对手不能完全履行合同的风险。这种风险不只出现在贷款中，也发生在担保、承兑和证券投资等表内、表外业务中。如果银行不能及时识别损失的资产，增加核销呆账的准备金，并在适当条件下停止利息收入确认，银行就会面临严重的风险问题。

信用风险主要由以下两方面原因造成。

（1）经济运行的周期性。在处于经济扩张期时，信用风险降低，因为较强的盈利能力使总体违约率降低。在处于经济紧缩期时，信用风险增加，因为盈利情况总体恶化，借款人因各种原因不能及时足额还款的可能性增加。

（2）对于公司经营有影响的特殊事件的发生。这种特殊事件发生与经济运行周期无关，并且对公司经营有重要的影响。例如，产品的质量诉讼事件会给企业造成重大的经营影响，引发的赔偿会使得企业面临巨大损失，从而使贷款给企业的银行产生风险。

（七）流动性风险

流动性风险是金融参与者由于资产流动性降低而导致的可能损失的风险。当金融参与者无法通过变现资产，或者无法减轻资产作为现金等价物来偿付债务时，流动性风险就会发生。流动性的极度不足会导致参与者破产，因此流动性风险是一种致命性的风险。但这种极端情况往往是其他风险导致的。例如，某大客户的违约给银行造成的重大损失可能会引发流动性问题和人们对该银行前途的疑虑，这足以触发大规模的资金抽离，或导致其他金融机构和企业为预防该银行可能出现违约而对其信用额度实行封冻。两种情况均可引发严重的流动性危机,甚至破产。

(八) 操作风险

操作风险是由于金融参与者系统不完善、管理失误或其他一些人为错误而导致潜在损失的可能性。目前对操作风险的研究与管理正日益受到重视:从定性方面看,各类机构需要通过努力完善内部控制,以减少发生操作风险的可能性;从定量方面看,机构还要把一些其他学科的成熟理论(如运筹学方法)引入到操作风险的管理当中。

(九) 声誉风险

声誉风险指金融参与者因操作上的失误、违反有关法规、经营管理水平差、资产质量和财务状况恶化,以及错误的舆论导向和市场谣言等事故而使金融参与者在声誉上可能造成的不良影响。声誉风险对金融参与者各项业务的损害极大,因为金融参与者的业务性质要求其能够维持客户和整个市场的信心。

(十) 法律风险

金融参与者的日常经营活动或各类交易应当遵守相关的商业准则和法律法规。在这个过程中,因为违反法律要求,导致金融参与者不能履行合同,从而引发争议、诉讼或其他法律纠纷,进而可能给金融参与者造成经济损失的风险,即法律风险。

三、金融风险对经济的影响

从层次上来讲,国民经济分为微观经济和宏观经济。微观经济是指个别企业的经济活动,如个别企业的生产、供销等。微观经济的运行,以价格和市场信号为诱导,通过竞争而自行调整与平衡。宏观经济是指总量经济活动即国民经济的总体活动,如:国民经济的总值及其增长速度;国民经济中的主要比例关系;物价总水平;劳动就业总水平与失业率;货币发行的总规模与增长速度;进出口贸易的总规模及其变动等。宏观经济的运行,有许多市场机制的作用不能达到的领域,需要国家从社会全局利益出发,运用各种手段,进行宏观调节和控制。金融风险对微观经济和宏观经济的影响不尽相同,造成的后果也不一样,本部分主要分析金融风险对微观经济和宏观经济的影响。

(一) 金融风险对微观经济的影响

金融风险对微观经济的影响主要表现在四个方面:影响经济发展;影响投资者或存款人的信心和预期;增大金融交易成本和降低资金利用率。

(二) 金融风险对宏观经济的影响

金融风险对宏观经济的影响也表现在四个方面:

（1）导致社会投资水平下降，经济增长放缓甚至出现负增长；

（2）不利于动员国内外的储蓄，容易造成财政政策和货币政策的扭曲；

（3）破坏经济运行基础，造成产业结构畸形发展；

（4）影响一国的国际收支，危及国家经济安全。

第二节　风　险　控　制

一、风险控制的概念

首先了解两个概念：风险管理和风险控制。

风险管理指如何在项目或者企业在一定的风险的环境里，把风险降至最低的管理过程。它的基本程序包括风险识别、风险估测、风险评价、风险控制和风险管理效果评价等环节。

风险控制指风险管理者采取各种措施和方法，消灭或减少风险事件发生的各种可能性，或者减少风险事件发生造成的损失。所以其实风险控制是风险管理中的一个环节。风控是风险控制的简称。

风控的内涵非常宽广，包含了对所有可能风险事件的控制，涉及人员操作风险、业务操作风险、技术操作风险和外部事件带来的风险。本书所阐述的风控并不是把所有风险相关的知识都囊括其中，只侧重业务上和技术上的风险控制讨论。

二、风险控制的应用场景

风险控制的应用场景主要包括信贷中的个人信贷与小微企业信贷，投资过程中的风险控制、平台资金安全、平台技术安全、用户资金安全、用户账户安全、推广运营活动等环节。通俗来说，风控用于还款能力、还款意愿的判断，反欺诈反作弊反薅羊毛，防止外部对内部系统的攻击，防范平台和用户的资金出现问题等。

从行业维度来看，风控运用于消费金融、供应链金融、信用借贷、理财平台、P2P、大数据征信、第三方支付（第四方聚合支付）等各细分领域，同时还可用于电商、游戏、社交等"传统"互联网公司。

风险不仅仅存在于金融领域，它存在于所有的行业和领域，甚至是任何的家庭及个人，所以风险控制对所有的单位和个体都有实际存在的意义。

三、风险控制的方法

风险控制的四种基本方法是：风险回避、损失控制、风险转移和风险保留。

（一）风险回避

风险回避是投资主体有意识地放弃风险行为，完全避免特定的损失风险。简单的风险回避是一种最消极的风险处理办法，因为投资者在放弃风险行为的同时，往往也放弃了潜在的目标收益。所以一般只有在以下情况下才会采用这种方法：

（1）投资主体对风险极端厌恶。

（2）存在可实现同样目标的其他方案，其风险更低。

（3）投资主体无能力消除或转移风险。

（4）投资主体无能力承担该风险，或承担风险得不到足够的补偿。

（二）损失控制

损失控制不是放弃风险，而是制定计划和采取措施降低损失的可能性或者是减少实际损失。控制的阶段包括事前、事中和事后三个阶段。事前控制的目的主要是为了降低发生损失的概率，事中和事后的控制主要是为了减少实际发生的损失。

（三）风险转移

风险转移指通过契约，将让渡人的风险转移给受让人承担的行为。通过风险转移过程有时可大大降低经济主体的风险程度。风险转移的主要形式是合同和保险。

（1）合同转移。通过签订合同，可以将部分或全部风险转移给一个或多个其他参与者。

（2）保险转移。保险是使用最为广泛的风险转移方式。

（四）风险保留

风险保留，即风险承担，如果损失发生，经济主体将以当时可利用的任何资金进行支付。风险保留包括无计划保留、有计划自我保险。

（1）无计划自留指风险损失发生后从收入中支付，即不是在损失前作出资金安排。当经济主体没有意识到风险并认为损失不会发生时，或将意识到的与风险有关的最大可能损失显著低估时，就会采用无计划保留方式承担风险。一般来说，应当谨慎使用无计划保留，因为如果实际总损失远远大于预计损失，将引起资金周转困难。

（2）有计划自我保险指可能的损失发生前，通过作出各种资金安排以确保损失出现后能及时获得资金以补偿损失。有计划自我保险主要通过建立风险预留基金的方式来实现。

第三节　新金融的种类与风险类别

一、新金融的种类

（一）P2P 网贷

P2P 是英文 peer to peer lending（或 peer-to-peer）的缩写,意即个人对个人（伙伴对伙伴）,又称点对点网络借款,是一种将小额资金聚集起来借贷给有资金需求人群的一种民间小额借贷模式。P2P 属于互联网金融产品的一种,借助互联网、移动互联网技术开展的网络信贷平台及相关理财行为、金融服务。

P2P 小额借贷是一种将非常小额度的资金聚集起来借贷给有资金需求人群的一种商业模型。它的社会价值主要体现在满足个人资金需求、发展个人信用体系和提高社会闲散资金利用率三个方面,它以网络信贷公司（第三方公司、网站）作为中介平台,借助互联网、移动互联网技术提供信息发布和交易实现的网络平台,把借、贷双方对接起来实现各自的借贷需求。借款人在平台发放借款标,投资者进行竞标向借款人放贷,借贷双方自由竞价,由平台撮合成交。在借贷过程中,资料传递、资金划转、合同签署等手续全部通过网络完成,它是随着互联网的发展和民间借贷的兴起而发展起来的一种新的金融模式。

2016 年 8 月,银监会向各家银行下发了《网络借贷资金存管业务指引（征求意见稿）》（以下简称《征求意见稿》）。《征求意见稿》不仅对开展存管业务的银行提出了一定的资质要求,对接入的平台也提出了在工商登记注册地地方金融监管部门完成备案登记、按照通信主管部门的相关规定申请获得相应的电信业务经营许可等五项要求。最受业内关注的一条是,存管银行不应外包或由合作机构承担,不得委托网贷机构和第三方机构代开出借人和借款人交易结算资金账户。2016 年 10 月 13 日,国务院办公厅发布《互联网金融风险专项整治工作实施方案的通知》。

2018 年以来,P2P 频现暴雷潮,光上海地区 P2P 违约规模已超 2 000 亿元。2020 年 11 月,全国实际运营的 P2P 网贷机构由最高峰时期的 5 000 家彻底归零,全面清退。

（二）股权众筹

股权众筹是指公司面向普通投资者出让一定比例的股份,投资者通过出资入股公司,获得未来收益,这种基于互联网渠道而进行融资的模式被称作股权众筹。另一种解释就是"股权众筹是私募股权互联网化"。

2009 年众筹在国外兴起;2011 年众筹开始进入中国;2013 年国内正式诞生第一例股权众筹案例;2014 年国内出现第一个有担保的股权众筹项目。2014 年 5 月,证监会明确了对众筹的监管,并出台监管意见稿。

自余额宝的横空出世开启互联网金融时代后,"互联网＋"的概念让互联网金融成为新的风口,股权众筹在酝酿多年之后也迎来了绽放的春天。同时,2016 年成为"互联网金融监管元年",开始从政策层面的良币驱逐劣币,通过政府的监管把一些害群之马给踢出去,使优秀的企业得到更好的发展,通过监管的加强让行业更健康的发展。

股权众筹的发展冲击了传统"公募"与"私募"的界限划分,使得传统的线下筹资活动转换为线上,单纯的线下私募也转变为"网络私募",从而涉足传统"公募"的领域。在互联网金融发展的时代背景下,"公募"与"私募"的界限逐渐模糊化,股权众筹的发展也开始触及法律的红线。

(三) 互联网银行

互联网银行(Internet bank or E-bank)是指借助现代数字通信、互联网、移动通信及物联网技术,互联网银行通过云计算、大数据等方式在线实现为客户提供存款、贷款、支付、结算、汇转、电子票证、电子信用、账户管理、货币互换、P2P 金融、投资理财、金融信息等全方位无缝、快捷、安全和高效的互联网金融服务。

互联网银行是对传统银行颠覆性的变革,是金融格局的再造者,通俗来说,就是把传统银行完全搬到互联网上,实现银行的所有业务操作。互联网银行有如下特点:

(1) 互联网银行和传统银行之间最明显的区别是,互联网银行无需分行,服务全球,业务完全在网上开展。

(2) 互联网银行拥有一个非常强大安全的平台,保证所有操作在线完成,足不出户,流程简单,服务方便、快捷、高效、可靠,真正的 7×24 小时服务,永不间断。

(3) 互联网银行通过互联网技术,取消物理网点和降低人力资源等成本,与传统银行相比,具有极强的竞争优势。

(4) 以客户体验为中心,用互联网精神做金融服务,共享、透明、开放、全球互联,是银行的必然发展方向。

(四) 互联网保险

互联网保险,指实现保险信息咨询、保险计划书设计、投保、交费、核保、承保、保单信息查询、保全变更、续期交费、理赔和给付等保险全过程的网络化。网络保险无论是概念、市场还是经营范围,都有广阔的空间以待发展。

2000年8月,国内两家知名保险公司太平洋保险和平安保险几乎同时开通了自己的全国性网站。太平洋保险的网站成为我国保险业界第一个贯通全国、联接全球的保险网络系统。平安保险开通的全国性网站,以网上开展保险、证券、银行、个人理财等业务被称为"品种齐全的金融超市"。同年9月,泰康人寿保险公司也在北京宣布泰康在线开通,该网站可以实现从保单设计、投保、核保、交费到后续服务全过程的网络化。与此同时,由网络公司、代理人和从业人员建立的保险网站也不断涌现,如保险界等。互联网保险出现市场细分。有些网站还获得了风险投资,在风险投资的推动下,互联网保险将取得更大更快的发展,竞争也必然加剧。

互联网保险相比传统保险的优势有如下四点:

(1)自主选择。相比传统保险推销的方式,互联网保险让客户能自主选择产品。客户可以在线比较多家保险公司的产品,保费透明,保障权益也清晰明了,这种方式可让传统保险销售的退保率大大降低。

(2)服务便捷。网上在线产品咨询、电子保单发送等都可以通过网络来完成。

(3)理赔轻松。互联网让投保更简单、信息流通更快,也让客户理赔不再困难。

(4)节省费用。网络可以推进传统保险业的加速发展,使险种的选择、保险计划的设计和销售等方面的费用减少,有利于提高保险公司的经营效益。据有关数据统计,通过互联网向客户出售保单或提供服务要比传统营销方式节省58%至71%的费用。

(五)智能信贷

智能信贷是一种基于人工智能技术,无人为干预,完全线上自动放贷的模式。信贷服务是一种常规的金融服务,用于解决个人或企业的资金周转问题。传统的信贷服务主要通过商业银行进行,但商业银行放贷门槛高、审批手续烦琐,将小微企业和普通民众拒之门外。同时,相对宽松的民间借贷又存在利率过高、渠道不正规、难以形成规模效益等问题,这使得小微企业和普通民众的融资成为世界级难题。

在人工智能算法迅猛发展的今天,随着芯片技术和人工智能算法的双重爆发,个人信贷进入智能信贷时代。

(六)智能投顾

智能投顾即根据个人投资者提供的风险承受水平、收益目标以及风格偏好等要求,运用一系列智能算法及投资组合优化等理论模型,为用户提供最终的投资参考,并根据市场的动态对资产配置再平衡提供建议。

随着金融市场不断深入发展,金融产品层次与交易策略、交易工具的日趋复杂,普通投资者学习成本越来越高,难以跟上市场发展步伐,专业投资顾问服务的需求日渐凸显。但是受限于传统投顾服务的限制(百万资金起步、服务流程烦琐、服务费高昂、不能随时随地咨询、投顾水平良莠不齐等),无法最大限度满足普通投资者的投顾需求。智能投顾发源于美国,逐渐被主流市场认可。目前,国内传统银行、互联网、第三方理财平台也都在布局。

二、互联网金融的风险类别

(一) 信用风险

传统金融企业在信用风险方面研究较多,已经形成了比较完善的信用评估体系。虽然互联网的开放性减少了网络中信息的不对称,但这更多的是在需求对接等资源配置上的效率提升,而在识别互联网金融参与双方信用水平上并没有太大作用。同时,由于互联网本身的特点,互联网金融领域的信用风险较传统金融行业更难控制。

目前互联网信用关系面临 3 个方面的缺失:①监管缺失,互联网债务人不是以监管形成的信用进入互联网金融世界;②评级缺失,互联网债务人不是以独立第三方评级形成的信用成为互联网金融主体的;③信息缺失,互联网债务人不是以全面、真实、专业、规范、及时披露自身偿债风险信息形成的信用在互联网平台上进行融资活动的。

互联网金融发展的速度超出市场预期,短短的时间内,这一新型的金融形态就以破竹之势迅速确立了其在金融格局中的地位。与此同时,互联网金融信用体系的缺失,也成为制约互联网金融持续发展的重大瓶颈,引入独立的第三方评级机构势在必行。

"中国的互联网金融,在裹挟着风险飞奔"。有业界人士这样形容中国互联网金融发展的现状。自 2013 年以来,国内互联网金融迅猛发展,P2P 网络借贷平台快速发展,众筹融资平台开始起步,第一家专业网络保险公司获批,一些银行、券商也以互联网为依托,对业务模式进行重组改造,加速建设线上创新型平台等。

与此同时,互联网金融机构和企业信用风险也明显上升,网上欺诈、P2P 暴雷等事件层出不穷,对互联网金融、金融科技等的信用风险必须格外重视。

(二) 技术性风险

技术安全、稳健是互联网金融安全、稳健发展的根基。互联网金融业务的开展必须选择一种技术解决方案作为支撑,因而存在技术选择失误的风险。这种风险主要来自两个方面:一方面是技术系统与客户终端软件的兼容性问题导致的信息传输中断或速度降低;另一方面是选择了被淘汰的技术方案,造成技术相对落后、网络过时。这些因素会造成技术和商业机会的巨大损失。对传统金融而言,技术选择失误的风险可能只是局部的,只是导致业务流程趋缓,业务处理成本上升;对互联网金融机构而言,则可能失去全部的市场,甚至失去生存的基础。

互联网金融的业务及大量风险控制工作均由计算机和互联网系统完成,所以电子信息系统的技术性和管理性安全就成为互联网金融运行的最为重要的技术风险。这种风险既来自计算机系统停机、磁盘列阵破坏等不确定因素,也来自网络外部的数字攻击,以及计算机病毒破坏等因素。根据相关调查,系统停机对金融业造成的损失最大。网上黑客的攻击活动能量正以每年10倍的速度增长,其可利用网上的任何漏洞和缺陷非法进入主机,窃取信息,发送假冒电子邮件等。计算机网络病毒可通过网络进行扩散与传染,传播速度是单机的几十倍,一旦某个程序被感染,则整台机器、整个网络也很快被感染,破坏力极大。在传统金融中,安全风险可能只带来局部损失,但在互联网金融中,安全风险会导致整个网络的瘫痪,是一种系统性风险。

(三)法律性风险

新金融的法律风险主要是因目前互联网金融立法相对落后和模糊而导致的风险。目前的金融立法框架主要基于传统金融业务,如银行法、证券法、财务披露制度等,缺少有关互联网金融的配套法规,这在很多发展互联网金融的国家普遍存在,我国亦然。互联网金融在我国还处于刚起步阶段,相应的法规还相当缺乏,如在互联网金融市场准入、交易者的身份认证、电子合同的有效性确认等方面尚无明确而完备的法律规范。因此,利用网络提供或接受金融服务,签订经济合同就会面临在有关权利与义务等方面的相当大的法律风险,容易陷入不应有的纠纷之中,结果是使交易者面对关于交易行为及其结果的更大的不确定性,增加了互联网金融的交易费用,甚至影响互联网金融的健康发展。

(四)政策与监管风险

政策与监管风险来自两个方面。首先,互联网金融的创新业务本身可能违反法律法规;其次,政策与监管的变化可能会使互联网金融创新无法顺利进行。金融是一个高度专业、高度复杂、充满风险的行业,因此必然会面临政策和监管的约束。对于新兴的互联网金融行业,我国还没有比较完善的政策法规,行业和监管都是摸着石头过河,法律界定模糊,创新项目很容易触碰监管红线,造成不必要的损失。有些互联网金融平台在业务创新过程中会发生变质,例如演变成非法集资、洗钱等。此外,政策与监管本身会受到很多因素的影响,随着社会经济形势的变化,创新领域的监管政策可能也会发生变化,从而对创新业务造成阻碍。

本章主要内容

互联网银行业务类型、互联网银行的特点;互联网银行面临的主要风险;互联网银行对抗风险的安全措施。

本章应掌握的主要技能

了解互联网银行及互联网银行的工作模式;掌握互联网银行面临的主要风险;对其存在的风险有一定的风险控制能力和方法。

第一节 互联网银行概述

前文已经介绍过互联网银行的基本概念和特点。其在经济性、便利性、开放性和普惠性等方面有着明显的优点和进步。

一、互联网银行的技术要点

从技术的角度看,网上交易至少需要四个方面的功能,即商户系统、电子钱包系统、支付网关和安全认证。其中,后三者是网上支付的必要条件,也是互联网银行运行的技术要点。

(一) 电子钱包系统

电子钱包是电子商务购物(尤其是小额购物)活动中常用的一种支付工具。电子钱包用户通常在银行里都有账户。在使用电子钱包时,先安装相应的应用软件,然后利用电子钱包服务系统把自己账户里的电子货币输进去。在发生收付款时,用户只需选用相应项目即可。系统中设有电子货币和电子钱包的功能管理模块,称为电子货币钱包管理器。用户可以用它来改变口令或保密方式等,以及用它来查看自己银行账户上电子货币收付往来的账目、清单及其他数据。系统中还提供了一个电子交易记录器,用户通过查询记录器,可以了解自己购物的记录。

（二）支付网关

支付网关是银行金融系统和互联网之间的接口,是连接银行内部网络与互联网的一组服务器。其主要作用是完成两者之间的通信、协议转换和进行数据加密、解密,以保护银行内部网络的安全。离开了支付网关,互联网银行的电子支付功能也就无法实现。

随着网络市场的不断增长,网络交易的处理将成为每一个支付系统的必备功能。过去,商户在数据传输方面常常是低效率的,有了支付网关,这个问题便可得到有效的解决,它使银行或交易商在网络市场高速发展和网络交易量不断增长的情况下,仍可保持其应有的效率。

（三）安全认证

互联网交易中的安全认证主要通过电子商务认证机构（Certification Authority,CA）完成。CA能够解决电子商务活动中交易参与各方身份、资信的认定,维护交易活动的安全,从根本上保障电子商务交易活动顺利进行。它对于增强网上交易各方的信任、提高网上购物和网上交易的安全、控制交易风险、推动电子商务的发展都是必不可少的。

二、互联网银行的分类

按照不同的标准,互联网银行可以分为不同的类型。

（一）按服务对象,分为企业互联网银行和个人互联网银行

企业互联网银行主要针对企业与政府部门等企事业组织客户。企事业组织可以通过企业互联网银行服务实时了解企业财务运作情况,及时在组织内部调配资金,处理大批量的网上支付和工资发放业务,并可处理信用证相关业务。

个人互联网银行主要适用于个人与家庭的查询、转账、网络支付和汇款等。

（二）按经营组织形式,分为分支型互联网银行和纯互联网银行

分支型互联网银行是指现有的传统银行将互联网作为新的服务手段,为建立银行站点、提供在线服务而设立的互联网银行。

纯互联网银行又称为虚拟银行,起源于美国1985年开业的第一安全网络银行（SFNB）。纯互联网银行是专门为提供在线银行服务而成立的独立银行,因此也被称为“只有一个站点的银行”。微众银行就是纯互联网银行。

中国银行互联网银行属于分支型互联网银行,是既有企业互联网银行也有个人互联网银行的机构。

三、互联网银行业的主要业务

随着发展,互联网银行目前可以开展账户信息查询、转账汇款、投资理财、缴费支付、外汇交易、信用卡服务等一揽子金融业务。互联网银行的业务范围还在不断拓展,未来也许可以实现银行全业务互联网化。

附4-1:中国银行体系

中国银行体系如图4-1所示。

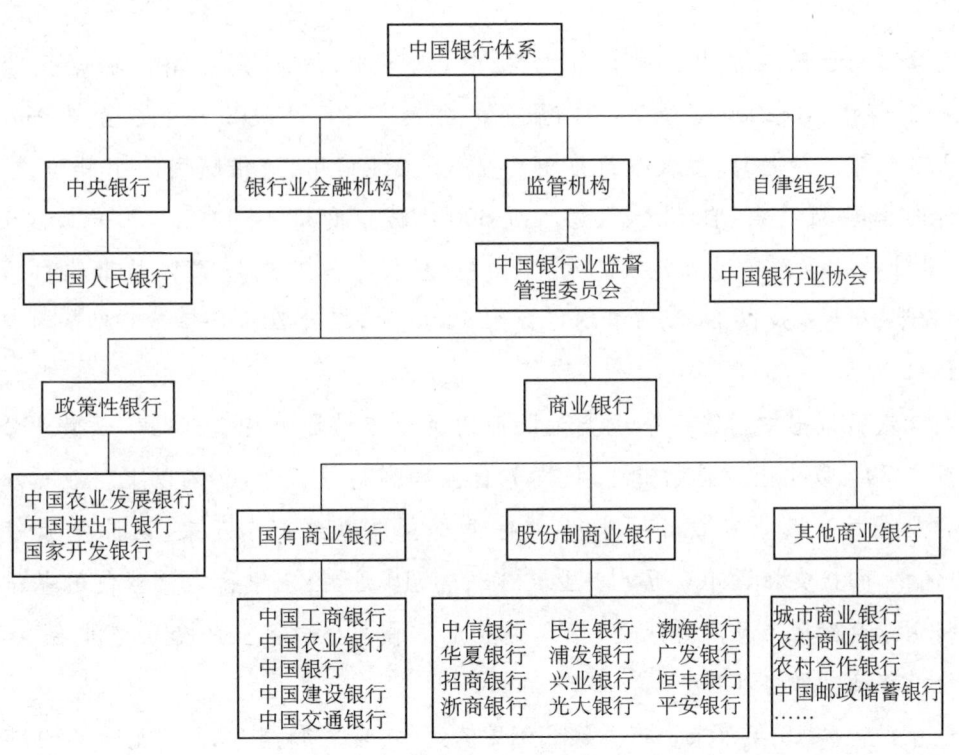

图4-1 中国银行体系

附4-2:中国互联网金融协会

中国互联网金融协会(National Internet Finance Association of China,NIFA)是按照2015年7月18日经党中央、国务院同意,由人民银行、银监会、证监会、保监会、工信部、公安部、工商总局等10部委联合发布的《关于促进互联网金融健康发展的指导意见》(银发〔2015〕221号)要求,由中国人民银行会同银监会、证监会、保监会等国家有关部委组织建立的国家级互联网金融行业自律组织。2015年12月31日,经国务院批准,民政部通知中国互联网金融协会准予成立。2016年3月25日,中国互联网金融协会在上海黄浦区召开成立会议暨第一次全体会员代表大会。

附4-3:微众银行

2014年12月16日,深圳前海微众银行股份有限公司(以下简称微众银行)正式成立,成为国内首家互联网银行。

微众银行专注为小微企业和普罗大众提供更为优质、便捷的金融服务,运用金融科技探索践行普惠金融、服务实体经济的新模式和新方法,并坚持依法合规经营、严控风险。

微众银行已陆续推出了微粒贷、微业贷、微车贷、微众银行App、微众企业爱普App、小鹅花钱、We2000等产品,目前服务的个人客户已突破2.5亿人,企业法人客户超过170万家。微粒贷,微众银行推出的全线上、纯信用、随借随用的小额信贷产品,已累计向全国31个省、自治区、直辖市近600座城市的超2 800万客户发放4.6亿笔贷款,累计放款金额超过3.7万亿元。"微粒贷"授信客户中约77%从事非白领服务业,约80%为大专及以下学历;笔均贷款约8 000元,超过70%已结清贷款的利息低于100元。

微众银行推出中国第一个线上无抵押的企业流动资金贷款产品——微业贷。微业贷客户70%以上企业是制造业、批发零售业和高科技行业,60%以上企业首次获得银行企业贷款。微业贷服务的小微企业法人客户超过170万家,累计发放贷款近4 000亿元,间接支持近400万人就业。2020年10月,微众银行在微业贷的基础上进一步将企业金融服务品牌升级为"微众企业十",服务小微企业的金融与非金融需求,打造全链路商业服务生态。

微众银行2019年年末资产总额2 912亿元,实现净利润39.5亿元。2019年全年新发放贷款利率较上年下降1.84个百分点,实现经济效益与社会效益双赢。

微众银行在区块链、人工智能、大数据和云计算等关键核心技术的底层算法研究和应用方面开展技术攻关,在2017年成为国内首家获得国家高新技术企业资格认定的商业银行。目前,微众银行已跻身中国银行业百强,国际评级机构穆迪和标普分别给予微众银行"A3"和"BBB十"评级。国际知名独立研究公司Forrester定义微众银行为"世界领先的数字银行"。

相关大事：

2016 年起，微众银行通过微粒贷产品与合作银行进行了扶贫尝试，通过将微粒贷业务核算落地的方式，定向为贫困县贡献税收，形成了"微粒贷金融扶贫"项目。

截至 2020 年 9 月底，"微粒贷金融扶贫"项目已正式落地全国 41 个贫困县区，项目总计为贫困地区贡献增值税税额 13.24 亿元，其中 2020 年新增超过 4 亿元，有效助力全国打赢脱贫攻坚战。

2017 年起，微众银行主动面向全球开源区块链技术，围绕 FISCO BCOS 共建最大最活跃的国产开源联盟链生态圈，促进区块链技术和应用生态蓬勃发展。FISCO BCOS 已汇聚上万名社区成员，并成功帮助合作伙伴在生产环境落地超过数十个应用案例，成为最大最活跃的国产联盟链开源生态圈。

2019 年 1 月，微众银行和新加坡南洋理工大学共同创办的新加坡金融科技联合研究中心成立。

2019 年 5 月，微众银行与香港科技大学正式宣布成立"香港科技大学-微众银行联合实验室"。

2019 年 6～8 月，微众银行在深圳举办首届金融科技高校技术大赛 FinTechathon。

2019 年 9 月，微众银行自主研发全球首个联邦学习底层技术平台（FATE），作为一种基于数据隐私保护的人工智能底层算法，其已全面开源并被捐献给全球知名的 Linux 基金会。FATE 开源社区在全球已有数百家知名机构、企业和高校用户。

2019 年 10 月，深圳大学和微众银行共同创建的深圳大学微众银行金融科技学院正式成立。

2019 年 11 月，微众银行参加新加坡金融展。

2019 年 12 月，微众银行牵头打造的区块链开源底层平台 FISCO BCOS 入驻了国家信息中心顶层设计的区块链服务网络 BSN，成为 BSN 中首个国产联盟链底层框架。

2020 年 4～5 月，微众银行与中国进出口银行深圳分行和国家开发银行深圳分行达成了共计 50 亿元的"转贷款"合作，用于微众银行向符合条件的小微、外贸、"三农"企业提供融资，发放的贷款覆盖近万家小微企业。

2020 年 5 月 10 日，"粤康码"与"澳门健康码"互认系统正式启用。微众银行提供区块链开源技术支持，支持粤港澳地区健康码互扫互认项目落地。

2020 年 6 月 5 日，北京绿色交易所、微众银行及北京绿普惠网络科技有限公司基于区块链开展技术合作，推出首个"区块链＋"绿色出行项目"绿色出行普惠平台"。同日，微众银行发布了首个基于区块链技术的社会治理框架"善度"白皮书。

2020 年 10 月，由微众银行捐建、微众银行与深圳大学共建的深圳大学微众金融科技实验室正式揭牌。

第二节　互联网银行面临的主要风险

一、技术风险

互联网银行面临的技术风险主要有以下四点。

（一）安全认证风险

用户设备感染病毒或者被黑客攻击，如果没有进行安全认证，用户的所有操作都会被盗取，严重影响用户的银行账号和密码安全。假冒银行网站的钓鱼网站，就是通过键盘记录或者屏幕录制等方式盗取用户账号和密码，危及用户资金安全。

（二）网络传输风险

互联网银行业务通过网络在银行和用户之间进行数据传输，在数据传输过程中要求进行加密处理，如果网络传输系统和环境被攻破，或者加密算法被黑客攻击，将使互联网银行客户的资金、账号、密码在网络传输中如同明文传输，造成客户信息泄露，严重影响互联网银行用户信息安全。

（三）系统漏洞风险

互联网银行应用系统和数据库在技术上依然存在一些系统漏洞和隐患，这些漏洞对互联网银行系统造成很大的风险。

（四）数据安全风险

互联网银行的数据要求绝对安全和保密。用户基本信息、支付信息、业务处理信息、数据交换信息等的丢失、泄露和篡改都会产生不可估量的损失。确保数据输入和传输的完整性、安全性和可靠性，防止对数据的非法篡改，实现对数据非法操作的监控与控制，是互联网银行系统必须做到的。

二、法律风险

法律风险是指由于有关网上交易的法律法规不健全，互联网银行业务陷入法律纠纷的风险。同传统银行相比，互联网银行有两个十分突出的特性：一是传递信息甚至合约的电子化;二是模糊了国与国之间的自然疆界,其业务和客户可达世界的每个角落。这就向传统的基于自然疆界和纸制合约基础上的法律法规提出了挑战。法律风险在我国互联网银行发展过程中的表现还包括我国自身相关的法律法规不够完善,相关的制度规范和约束机制还不够健全,缺乏相对规范的法制环境。

目前,法律法规对于网上交易的权利与义务,规定还比较模糊,缺乏明确的网络消费者权益保护规则。银行与商家、客户的关系及电子签名有效性等不明确。互联网银行业务涉及诸多法律法规如消费者权益保护法、知识产权法、货币发行制度等,银行可能因使用电子货币或使用虚拟金融服务而损害客户隐私以致被提起诉讼。犯罪分子可能利用互联网银行从事洗钱活动从而使银行被动违法,网络欺诈活动可能使客户迁怒于银行。上述种种,将使银行面临诸多法律风险。

在国内,互联网银行属于新兴事物,相关法律法规还在制定和完善当中,法制建设是监管的保证,通过法制建设才能使互联网银行的交易规范、有序。

三、实用性风险

实用性是指互联网银行能够满足客户不同需求的特性。实用性风险则主要是指由于客户自身条件和需求内容的不同要求,互联网银行所提供的服务也各不相同所造成的风险。个体银行的经营理念和文化背景各不相同,有的强调稳健性,有的则侧重于快捷性。

稳健型互联网银行视交易安全为第一,客户资金的安全能够得到充分的保障。但在网上实际进行交易时往往表现为手续繁杂,认证过程较长等。

快捷型互联网银行进行交易时一般速度较快,认证解密时间也较短,但安全性有所降低。

还有的互联网银行因为其强调业务的独特性,成为脱离实体银行之外的一个独立系统或者两者关联部分甚少;而有的互联网银行则比较注意在现实业务的基础上发展互联网银行业务,将两者融为一体。

众多的差异导致了客户对互联网银行的不同认识,客户在进行网上交易时都会根据自己的实际需求情况,对各个互联网银行的交易及其特点进行一次认真的比较,以选择能够充分满足自身需求的互联网银行。因此实用性在互联网银行有着其独特的地位与作用,在工作中如不加以重视就会出现失去部分客户的风险。

四、运营风险

互联网银行面临的管理运营风险主要有以下三点。

（一）系统应急风险

目前大多数互联网银行在系统建设和运行中，没有很好地按照业务运行应急计划进行演练，应对电力中断、地震、洪水等灾害的措施不到位，一旦发生这类灾害，会导致数据的破坏和消失，给银行带来巨大风险。

（二）内部控制风险

互联网银行的内部控制制度指日常运行处理过程进行流程或制度规范，一旦执行不到位，将会造成运行或者业务操作中出现风险。

（三）外包管理风险

互联网银行在快速发展过程中，由于银行相关人力不足，在系统开发、运行维护过程中，很多是通过购买第三方外包服务的方式提供互联网银行技术支持。如果互联网银行外包服务管理不到位，则有数据泄露的风险。

第三节　互联网银行的安全措施

随着互联网银行业务的迅猛发展，网上交易量和交易速度大幅度提升，互联网银行的安全性也受到越来越多的重视。互联网银行业务能够顺利开展的前提就是要有足够的安全保障，当前网络信息安全所面临的问题也是互联网银行需要重视和解决的问题。要做好互联网银行的风险防控工作，应着重从以下几个方面入手。

一、系统安全性

互联网银行的关键环节就是互联网银行系统的安全性，银行应定期从物理安全、逻辑安全、管理安全、操作系统安全、联网安全、客户端安全等几个方面对互联网银行进行入侵检测和网络渗透检测，防范系统被入侵和攻击。

二、内部控制体系

互联网银行信息系统的内部操作人员对系统及其权限更为了解，所以互联网银行系统更容易受到银行内部人员的侵扰。因此，银行更应注重加强内控管理，防止来自内部的风险隐患。建立有效的内部控制体系,除合理的安全技术以外,还需要建立系统维护制度、信息保密制度、数据备份制度、人员管理制度、风险预警制度、重大事项报告制度等,确保互联网银行系统有序正常运行。

三、外包服务管理

中小银行的网银在开发和维护上采取外包模式,考虑到互联网银行数据的重要性,加强系统外包服务管理尤为重要。①要选择长期可靠、综合能力强的外包服务商;②要做好外包技术服务商的合同管理,规范和明确服务内容;③要确保银行等重要数据的安全性,对外包服务人员进行严格管理;还要加强外包服务的过程管理,严格监控外包服务,随时了解外包服务状态;④加强互联网银行外包团队建设,建立良好的沟通机制。

四、应急计划

互联网银行系统运行需要有其他相关的业务系统支持,如网银转账需要调用银行核心系统,网上支付需要调用大小额支付系统等。当出现系统故障或者发生不可抗力时,每一个环节的停顿都可能对整个业务的连续性带来影响。因此,应该制订详细的互联网银行业务运行应急计划。同时,还需要进一步加强互联网银行应急演练,并对预期风险要进行严密的分析论证。

五、防御机制

互联网银行的防御机制可以分成事前预防、事中防御、事后审计追踪三个阶段。①事前预防阶段,可以使用网银安全助手、密码控件等客户端防范手段,对键盘录入、SSL 安全加密、反钓鱼等进行客户端方面的预防,有效防范木马、病毒的攻击,进一步提升用户在客户端的安全体验,增加用户使用互联网银行的安全信心;②事中防御阶段,可以采集分析交易信息,主动防御,发现和终止身份冒用、套现、虚假交易等风险,如使用反欺诈交易平台等;③事后审计追踪阶段,可以利用网银的内部交易日志进行审计分析。

六、客户操作风险防范

随着技术的进步,以及各方对互联网银行的重视,当前面临的最大问题不是技术上的漏洞,而是客户操作上的风险。因此,银行急需加强对客户有关安全使用的宣传和教育,重点包括对客户进行风险提示和安全教育、安全上网行为宣传介绍和引导等。互联网银行的安全事关每一个用户的财产安全,除银行对用户进行安全宣传、推广和教育以外,用户自身也要提高安全防范意识,经常关注互联网银行的一些使用常识和金融安全知识。如果互联网银行用户能在安全意识上有所加强,使用过程中时刻保持清醒的头脑,那么很多风险事件其实是可以避免的。

七、客户管理

互联网银行的客户管理主要是指银行对其向客户提供的服务进行管理,包括哪些客户可以使用网银,客户可以使用哪些互联网银行服务等,具体包括三点:

(1)加强对申请签约客户的资格审查。客户在互联网银行不需要提供任何印鉴,仅凭 USBKey 就可以办理业务,因此互联网银行应制定严格的开户审核手续。只有符合条件、信誉良好的客户,银行才与其签订规范的互联网银行服务。银行应根据与客户签订的协议,严格限定客户在互联网银行操作的权限。

(2)加强对互联网银行客户的身份验证。客户在通过互联网银行办理业务时,无需与银行工作人员进行面对面的交易,因此对登录互联网银行办理业务的客户身份进行确认,并对客户的交易信息进行保密,已经成为互联网银行安全管理的前提和最重要的环节,同时银行有义务告知客户妥善保管各种交易信息和工具,以免被他人盗用,给客户造成不必要的麻烦。

(3)加强对互联网银行客户的操作范围和流程监督。客户需求不同,对互联网银行服务要求就会不同,银行需要对不同的客户提供个性化、差别化的服务。因此,银行需要根据客户的需求,结合内部管理的需要,对互联网银行客户业务操作权限进行管理,并对互联网银行客户交易过程进行监督。为了及时接收和处理互联网银行业务,防范互联网银行异常交易发生,确保业务的顺利进行,银行应对客户在互联网银行发起的各类交易进行实时、全程的监控和管理。一笔互联网银行业务,从客户登录互联网银行、发出交易指令算起,通过总行接入,分发到分支行,一直到最后进行账务处理,需要经过互联网、局域网等多个网管。因此,银行需要对一笔互联网银行业务所涉及的多个环节进行监控。

本章主要内容

互联网保险的概念、特点、现状;互联网保险的作用及应用;互联网保险的风险、互联网保险风险防范对策。

本章应掌握的主要技能

了解互联网保险的现状;认知互联网＋保险的作业模式下存在的风险;分别从保险公司、投保方角度,探讨各自的防范对策。

第一节 互联网保险概述

一、互联网保险的概念

尽管互联网保险的概念已提出已经很久,但随着传统保险与互联网技术的不断融合,互联网保险的概念近几年持续地发展变化。2014 年 4 月,中国保险监督管理委员会发布《关于规范人身保险公司经营互联网保险有关问题的通知(征求意见稿)》,将互联网保险定义为通过互联网技术和移动通信技术订立保险合同、提供保险服务的相关业务。2015 年 7 月 27 日发布的《互联网保险业务监管暂行办法》将互联网保险业务定义为保险机构依托互联网和移动通信等技术,通过自营网络平台、第三方网络平台等订立保险合同、提供保险服务的业务。新的定义突出了互联网保险和传统保险站在不同的平台上。

互联网保险实现保险信息咨询、保险计划书设计、投保、交费、核保、承保、保单信息查询、保全变更、续期交费、理赔和给付等保险全过程的网络化。互联网保险无论从概念、市场还是到经营范围,都有广阔的空间以待发展。保险公司利用网络大数据信息,帮助客户有针对性的找到合适的保险产品,对客户进行销售和服务,这样一来不但能够满足客户的个性化需求,提升客户的消费体验,还能够有效降低保险公司的销售成本,提高了经济利润。

互联网保险是传统保险与互联网技术及电子商务技术结合的新兴产物,它是保险的革命性突破,给保险的发展带来了新的机遇,极大地推动了保险的发展。

二、互联网保险的主要特点

(一)场景化、高频化、碎片化

基于互联网平台设计和销售的保险产品,大多具有场景化、高频化和碎片化的鲜明特色,以退货运费险、快递延误险、个人账户资金安全险、手机碎屏险等为代表,这些产品保险条款简单,保障针对性强,价格低廉,交易便捷,在线理赔方便直接。

(二)紧密结合热点,市场定位鲜明

从早些年的"退货运费险"到近两年的保险版余额宝、娱乐宝、"微关爱""微互助"等,再到2015年的App功能保险、账户安全险、数码产品延保以及高现金价值万能险等,虽然有些产品内容尚存争议,但基于互联网平台的保险产品在设计上充分结合了互联网消费的各个环节和场景,与社会经济发展及消费、投资热点联系紧密,虽然以小额分散业务为主,单均保费低,但在一定意义上填补了传统保险覆盖面的空白,而且使保险消费成为消费者自觉、自愿、自然的选择。2020年初开始爆发的新冠肺炎疫情,给我国乃至世界的经济带来了前所未有的冲击,一度大批的产业不振,失业人员陡增,国家为了鼓励就业和恢复生产,开始蓬勃发展地摊经济;保险业非常敏锐,太平洋保险马上推出了地摊保险,让摆地摊的民众有了保障和信心。

(三)平台向多元化发展

互联网保险平台日趋多元化,目前主要包括以下四类:①保险公司自建的官网营销平台或依托电商建立的销售平台;②电商平台,目前天猫、淘宝、苏宁、京东等电商平台均已涉足保险销售;③专业第三方保险中介平台,如和讯网旗下"放心保"、向日葵保险网、网易保险、新一站保险网、慧择网、蜗牛保险等,集合了多家保险公司的不同产品,并有专业的保险销售人员提供相关服务,便于保险消费者对同类产品进行比较和选择,与传统保险营销渠道具有互补的关系;④专业互联网保险公司。目前,我国已成立了众安保险、泰康在线、安心保险、易安保险四家专业互联网保险公司,完全通过互联网进行销售与理赔是这些专业互联网保险公司的最大特色。

(四)跨界合作领域不断拓宽

一方面,保险公司不断借助互联网平台推出不同侧重点的新产品,跨界合作之多

令人眼花缭乱。例如,2013 年 11 月,泰康人寿联合淘宝网推出"乐业保"平台,针对淘宝卖家销售类似于"身故加健康保障"的保险产品;2014 年 2 月,珠江人寿和天安人寿与支付宝平台合作向余额宝用户销售万能险产品,总额 8.8 亿元的产品仅用 6 分钟即售罄;2014 年 7 月,众安在线联合小米公司推出手机意外保障保险;2015 年"买保险送基因检测"被多家保险公司所尝试等。另一方面,跨界合作的广度和深度依然在积极探索中。

三、互联网保险的发展过程和现状

(一)互联网保险发展历程

1997 年,我国的第一家保险网站成立,标志着我国保险与互联网技术结合的开端。同年 11 月,中国保险网在北京举行开网仪式,意味着我国保险业进入了互联网时代。在此之前,国内完全没有网络销售保险的概念。2000 年前后,我国互联网保险处于发展的萌芽阶段,在这一时期,保险公司第一次接触互联网技术,特征是宣传网络化,国内大型的保险公司陆续建立了各自的官方门户网站,如泰康人寿保险公司开通了"泰康在线"电子商务网站,提供互联网保险相关服务。2001 年,太平洋保险北京分公司与朗络公司合作开通的"网神",上线险种达到了 30 多个,真正开始互联网保险销售,开通后第一个月的保费就达到将近 100 万元。各保险公司通过网络宣传,发挥出互联网强大的信息传播功能,保险网络销售模式初现,但还不能称之为真正意义上的互联网保险的开始。直至 2005 年,我国才正式颁布实施《中华人民共和国电子签名法》,中国人保发出国内第一张电子保单,意味着我国的保险业进入了真正的互联网保险时代。

2006 年,保险网上线"互联网保险超市"的销售模式,为客户同时提供网络及电话双渠道服务。中国人寿、泰康人寿、太平洋保险陆续推出互联网保险营销模式,尽管在发展前期,各大保险公司的官方网站具备电子商务的功能,但线上销售并没有快速的发展,互联网主要的功能还是在产品的宣传和信息的传播。这一时期主要是将原有的保险产品进行在线化。将互联网视为销售保险的一种渠道和工具,保险公司将原有可适用于互联网销售的产品搬到线上,借助互联网的力量和技术,将保险产品的核心内容和功能详尽、清晰地展现在互联网页面上。这一变化给保险公司带来了新的企业宣传、信息传播方式。之后,随着阿里巴巴等电子商务平台的兴起,一些以保险信息服务及保险中介服务为定位的保险网站也出现了。

2010 年,我国进入开始探索互联网保险线上销售方式的阶段,特征是销售逐渐网络化。电子签名、网络支付等技术和业务纷纷实现突破,互联网保险开始进入竞争升级加剧的时期,各大保险公司及中介渠道都在激烈的竞争中迅速发展,这个阶段的网上主要的产品是车险、理财险、旅游意外险等标准化的保险产品。在政策方面,政府开始加大对保险电子商务发展的扶持,也陆续出台相关政策。2013 年被称为"互联网金融元年"。2013 年 9 月,蚂蚁金服、腾讯、中国平安联合成立了国内首家互联网保险公司——众安保险,"双十一"当天,众安保险互联网保费收入就超过 6 亿元。

2014 年 1 月,经国务院批准,中国保险信息技术管理有限公司成立,为保险业发展和监管提供基础性的网络支持和信息服务。2014 年 8 月,国务院印发《关于加快发展现代保险服务业的若干意见》,即保险业"新国十条",强调大力支持保险公司积极运用大数据、云计算、移动互联网等新兴技术促进保险业销售渠道和服务的创新。在这期间,保险电话销售渠道取得了很大的成功,这体现出新兴渠道占有极大的优势。这一阶段的特点主要表现为业务逐步网络化,即保险产品的前端销售和后端理赔均在互联网上进行。线上购物的爆发式增长很大程度上促进了互联网保险的发展,使得互联网保费收入出现增长拐点,增速大大加快,互联网保险的发展真正地进入"春天"。保险作为管理风险的重要工具,场景展示非常重要。场景会给客户以代入感,让客户更加深刻地体会到风险所带来的不确定性和极大伤害,从而激发客户的消费欲望。保险公司将产品镶嵌入场景,利用场景销售保险产品,尽量让客户有在实体店消费的体验和感受。高温险、加班险等另类保险初见端倪,这些保险产品是基于现实生活或是虚拟网络中的场景产生的,因此吸引了大众眼球,获得社会的广泛关注。但不同的保险产品后续反响却相差很远,例如高温险,销量巨大且利润高,后续的赔付率非常低;但有些保险虽然得到了广泛关注,但销量极少,甚至被保监会叫停,如彩票不中险因保险责任为中奖后获得百倍保费奖励,涉嫌赌博行为而被强行下架。从 2011 年起,互联网保险增速飙升,已成为各保险公司最为重要的保费来源。

（二）互联网保险发展的现状

互联网的极速发展为互联网保险的发展奠定了坚实的基础,互联网保险改变了传统保险的营销模式,为保险行业带来了新的增长点,已经被许多的保险公司视为重要的运营模式。

1. 保费规模快速增长

随着互联网电商、移动支付等业务的高速发展,互联网保险业务的规模实现了爆发式增长,各种创新保险产品层出不穷。监管部门秉持支持互联网保险发展、鼓励创新、防范风险、趋利避害、健康发展的基本态度。得益于互联网和电子商务的发展及我国巨大的网民数量,我国互联网保险目前已进入全面发展时期,从事互联网保险业务的保险公司已超过100家,2012年至2016年间,互联网保费规模由100亿元增长至2 300亿元。

2016年,我国互联网保险产业发生了质的变化,进入跃进阶段,主要特征是企业的网络化。一些专业的互联网保险公司通过运用新兴技术,如大数据、移动互联网等,利用云计算来实现网络化保险业务的全过程,其中涉及设计保险产品、查阅保单信息、实行在线投保、移动交付保费、审核保单、审批赔付、完成信息更新、出具电子保单、续保提醒、线上理赔等环节。另外,保险公司将供给与客户的需求相互结合,在深度的交流沟通中,使客户在无意识的情况下向保险公司提出平时不易察觉的消费需求,保险公司根据客户表述的需求,通过海量的数据分析,了解客户的消费偏好,不仅可以开发出顺应市场需求的产品,还可以进行动态的风险定价,这种相互沟通有利于进一步培养客户的消费习惯。但由于2016年后,监管力度逐渐增大,互联网保险整体的保费也有下滑的趋势,2017年的整体保费规模为1 800亿元。

2. 专业互联网保险公司成立

泰康在线财产保险公司、安心财产保险公司、易安财产保险公司三家互联网保险公司在2016年正式获得保监会的开业批复,三家公司均未设置线下分支机构。自此,专业互联网保险公司批量出现,这说明互联网保险公司已达成共识,这为互联网保险的整个行业带来质的改变。2016年6月,蚂蚁金服和CBN Data联合发布《2016互联网保险消费行为分析报告》称,截至2016年3月,互联网保险服务的用户已经超过3.3亿,人数是股民人数的3倍,是基民人数的1.5倍。在互联网保民当中,80后、90后网民占80%,表明了互联网保险未来将具有更强大的生命力和爆发力。

3. 险种结构及保费占比

互联网保险与传统保险一样,包括财产险和寿险。互联网保险的财产险业务结构较为单一,以互联网车险作为主要险种,特点是签单量虽大,但每张保单的保费较低。互联网财产险的保费占整体保费的收入呈下降趋势,特别是随着车险费率商业化改革,线上与线下车险的差距逐渐缩小。要想使得互联网车险业务飞速发展,必须要有创新的营销模式。互联网寿险的保费占互联网整体保费的比例逐年上升,这得益于一些收益率偏高的理财类型保险,但因为监管机构加强对万能型寿险的监管,互联网寿险保费在2017年也呈下滑趋势。

4. 行业提升空间大

互联网保险的迅猛发展是保险行业快速发展的最重要理由之一,也是一个重要的经营领域,更是整个保险行业发展的主要标志。"新国十条"中列出,到 2020 年,我国要实现一个根本性的转变,即从保险大国发展为保险强国,保险深度将朝着 5% 迈进,保险密度的目标是每人突破 3 500 元。这为我国互联网保险的发展创造出广阔的空间。我国的互联网保险销售与发达国家还存在较大的差距,如车险网销占比,美国是我国的 30~50 倍,日本是我国的 20 倍。由此可见,我国互联网保险存在着巨大的潜力,整个行业都有巨大的提升空间。

5. 体现共享经济的优势

共享经济就是在大量的交易中,不断发掘人们在实际生活中及虚拟社交中的过剩资源,把过剩的资源进行整合,进行消费资源的共享。很多其他的行业都通过各种方式进行分享激励,例如分享可得优惠券、分享即享受返点折扣等,以此进行成本较低的宣传,聚拢极大数量的客户群体。这个客户群体中的每个人都是产品潜在的客户,同时也是产品的隐形代理人,大量的客户在潜移默化中转变了角色,大大扩展了互联网保险的销售市场。

四、互联网保险的作用

消费者和保险从业者之间有一道信息不对称的高墙,阻隔了消费者对保险的信任。互联网的出现在很大程度上帮助人们打破了这种信息不对称的困境。在互联网下,每个人不用在意、依赖某个个体而下定论,互联网保险更懂用户,用户体验更好。智能核保、网上预核保的出现,给很多身体状况不好、难以投保的用户带来了极大的便利。互联网保险主要有以下作用。

(一)为互联网经济提供了风险保障

互联网保险不仅是通过互联网销售保险产品,更重要的是通过产品和服务创新为互联网经济提供风险保障。互联网保险挖掘和满足了新的保险需求,充分发挥了保险在互联网经济中损失补偿和风险保障的功能作用。例如针对淘宝卖家开发的履约保证保险"参聚险"和"众乐宝",淘宝卖家以保金保险替代向淘宝缴纳的资金担保,最高交 1 500 元保费,可释放 50 万元保证金。上述险种自开办以来,累计释放小微企业资金 45 亿元,缓解了中小卖家的资金压力,激发了互联网经济的发展活力。

(二)拓宽了保险行业的发展空间

互联网及移动互联技术的应用,使传统业态下不可为的事情变成了现实。基于网络购物开发的退货运费险,每单保费可低至几角钱。在传统保险经营模式下,几角钱保单成本都难以覆盖,但在互联网时代成为了可能,几角钱享受十几元的风险保障,弥补了买家的运费损失，填补了物流保障方面的空白。2013年淘宝"双十一"购物节，退货运费险单日成交超15亿单，保费收入近9 000万元，创造了保险业单日同一险种成交笔数的世界纪录。

（三）提高了保险行业风险定价和风险管理能力

基于互联网的大数据应用可以支持保险业细分风险，提供更精准的保险定价，提高行业风险识别和风险管理能力。例如，车联网的应用有可能从根本上改变汽车保险的游戏规则。保险公司可以通过在汽车上加载车联网设备，将收集的驾驶人的驾驶行为信息纳入车险定价，实现"随车随人"定价。这将颠覆传统车险定价模式。又如，健康管理与可穿戴设备密切相关。保险行业通过可穿戴设备收集客户健康数据，指导客户优化生活习惯，并建立健康保险产品费率厘定的新模型。再如，保险公司未来可以利用气象大数据，将自然灾害的风险定价细分到"田间地头"，为农业保险提供更精准的定价服务。

（四）实现精准营销

互联网新技术的应用，可以从根本上改变传统保险依靠人海战术、效率低下的现象。基于互联网技术，保险公司销售人员可以准确预测消费者的需求，实现精准的"场景营销"。例如，基于消费者订购机票行为，可以向其推送航空意外险、旅游意外险等产品。这种由客户需求触发销售和服务的模式，能够有效避免销售扰民、强制推销等问题。

（五）优化了客户的用户体验

互联网提升了保险行业的客户服务水平。随着互联网技术的发展，消费者可以突破时空限制，在线获得承保、理赔全流程方便快捷的专业服务，优化了保险消费者的用户体验。例如，购买航班延误险后，因航班延误后，客户甚至不需要提出理赔申请，保险公司就可根据大数据信息，及时支付赔款到被保险人账户，简化了传统保险查勘理赔的繁冗流程，提高了服务效率。

综上所述，虽然保险与互联网的融合刚刚起步，完整的保险业态尚未形成，但是保险与互联网的融合是大势所趋，是对传统保险的有益补充，具有广阔的发展前景。

第二节　互联网保险的风险

互联网保险并没有改变保险的基础，与传统保险在承保原则、保险标的等方面具有一致性。同时，互联网保险在销售场景、发展速度、展业方式、业务流程、产品定位等方面的创新,也产生了新的风险。

一、互联网保险公司的风险

(一)网络安全风险

互联网保险产品完全依靠互联网了解产品、签署保单、缴纳保费、提出索赔的流程,因此网络安全风险是最需要重视的风险之一。互联网不仅是便利人们生活的工具,也是许多不法分子违法的途径,犯罪分子对保险公司的网站和公司内部信息系统进行攻击,窃取保险公司的内部信息和客户的资料。

移动互联网时代最重要的标志之一,就是共享海量信息、数据公开化。大量数据的公开引发出诸多的问题,无论是来自法律层面还是道德层面的问题,都在不同程度上对互联网保险的发展起到阻碍作用。大量信息共享与公开,让大众喜忧参半。好的方面是数据公开化为以依赖互联网数据经营的互联网保险业务提供了方便且精准的信息资料,促进了互联网保险积极的发展,为社会创造出市场价值。不好的方面是数据公开化有可能造成客户信息泄漏,个人隐私无法被很好地保护,这在大数据飞速发展的时代是无法避开的问题。互联网的最大特点就是开放性,互联网保险在投保过程中涉及大量的客户资料、隐私信息,这使得一些非法分子利用互联网技术上的缺陷,对运行主体释放病毒,篡改用户真实信息,窃取私人资料,等等,危害正常的互联网保险业务运营工作。

互联网保险的硬件和软件也都具有运行的风险。硬件设备要完全符合网络安全的要求,注重硬件自身的质量,不能因硬件问题而导致系统崩溃、数据丢失等。软件在设计上要求更高,运行过程中,一是要做好防恶意攻击装置;二是要做好操作不当可能造成的风险预防。例如,在2015年,中国人保广东分公司被爆出系统存在高危漏洞,面临大量客户信息被泄露的危机,但公司并没有对这一情况采取足够的重视,很长一段时间都没有将漏洞修复,引发客户的担忧及不满。同一时期,补天漏洞平台爆出信诚人寿保险公司面临泄露上万名客户银行账号、身份证号等个人信息的风险。

由于互联网安全制度存在隐患,个人信息泄露时有发生。个人在网上投保后,网络平台将会获取到消费者信息,数据库和后台系统的操作权限由企业安全部门掌控,受利益驱使,贩卖及滥用个人信息现象也较多存在。此外,黑客入侵、网络钓鱼、非法盗用及篡改客户身份等常见网络风险也同样侵害着互联网保险业。

由于目前国内的信息技术在安全保障上还有待加强,在信息安全技术上,不同的保险公司及中介机构投放的精力也较为悬殊,所以互联网保险客户的个人隐私存在着较为严重的潜在危机。自从互联网业务开展以来,因为技术的不成熟及安全防控措施的不到位导致客户隐私泄露的案例频频发生,给互联网保险的发展带来了很大的阻碍,因此,提升网络安全等级是互联网保险发展最急需解决的问题。

(二) 监管缺失风险

目前,互联网保险处于整体全线发展的阶段,每家保险公司都利用官方网站、第三方商务合作平台、App、微信公众号、微信小程序等方式,全面推进互联网保险产品的销售。近几年,互联网保险业务的保费规模平均增幅均超过 50%,投保的客户人数也是成倍增长。同时,互联网保险的出现使得保险行业众多方面发生翻天覆地的变化,无论是运营模式、技术创新,还是产品研发、销售渠道、目标客户等都有全方位的改变,这就给保险业的监管带来了巨大的挑战。

如同很多新事物一样,与互联网保险相关的法律法规出台的速度远远落后于互联网保险发展的速度。尽管监管部门颁布了不少的管理及监督互联网保险的法律法规,如《加强网络保险监管工作方案》《互联网保险业务监管办法》及散见于《中华人民共和国保险法》《中华人民共和国合同法》的相关条款,但是也没能完全跟上互联网保险发展迅猛的脚步。经过多次修订的《中华人民共和国保险法》主要还是针对线下传统业务,没有完全跟上互联网保险发展的快速迭代。面对新的形势、新的领域,监管部门很难实时同步地发布完善的监管规范,所以互联网保险市场的健康及可持续发展面临着严重的监管缺失风险。

传统保险有严格、明确的准入、运营和退出机制,而互联网保险市场一直处于"监管真空"状态。互联网保险经营者存在钻空子浑水摸鱼的现象,而且,由于跨地区、跨领域的特性,若地区、部门之间缺乏监督与协调机制,信息传递与交流受到限制,将会导致潜在的巨大风险,公众的利益也得不到保障。

目前,当保险公司与客户出现法律纠纷时,法院通常认为保险公司具有更多的优势,很多时候会更支持客户的利益诉求,保险公司便处于劣势。因为互联网相关法律不健全,客户对保险知识的了解不多,容易落入保险公司设下的圈套,蒙受损失。

(三) 业务发展风险

1. 保障型产品的比例有待提高

在经营成本方面,互联网保险产品要远远低于传统保险产品,这就促使一些保险公司为了节约成本,投入大量精力开发互联网类保险产品,提供客户优惠费率之后,再依靠捆绑销售形式给予折扣,同时展开推广活动。这样做容易与市场上相同或类似的产品形成激烈竞争,也间接地削弱了传统销售渠道的经营能力,对均衡的发展保险业务造成不良影响。

目前理财类保险产品占我国互联网保险产品比重较高,该类产品的宣传点是低风险且高收益,以此获取客户的关注度。虽然保险理财产品具有很多优势,如与一般银行理财产品相比较,收益稍高些;与P2P产品相比较,安全性方面也有最基本的保障。但任何产品的收益一定是与风险同时存在的,收益高的保险理财产品也暗藏着高风险,这类产品从风险角度来说背离了保险的本质,它们的存在从长期来看阻碍了互联网保险未来的发展。健康险是近两年的热门险种,财产保险公司嗅觉灵敏,与寿险公司密切合作共同推进健康险产品。但目前大多数健康险产品还停留在较为低端和普通的状态,还未能做到专业化、高端化。虽然在创新和销售方面,各个保险公司都在积极努力与尝试,但在产品的推广及销售方面的难度仍然比较大,所以市场规模依旧较小,难以做到产品均衡发展。

2. 经营模式尚不成熟

随着科技互联网与线上销售业的发展,经营互联网保险的模式也在近几年呈现多样化的趋势。前文已经提到4种经营模式。虽然繁多的经营模式为互联网保险发展提供了一定的动力,但同时也给互联网保险业务的发展带来了风险。

公司持续发展离不开健全、严谨的内部控制制度,互联网保险亦是如此。目前,很多第三方网络保险平台以及保险公司内部控制制度不健全,专业的内部控制管理人员缺失,许多互联网保险公司内控只是纸上谈兵,流于形式。同时,内部员工不明确的职责分工机制、松散的管理模式,不严格的监管措施,很难保证互联网保险业务得到有效的风险控制。互联网保险从技术上保持稳定性固然重要,但只有完善内部控制制度,各类风险防范措施才能真正发挥出应有的作用。经调研发现,大部分互联网保险公司对投保人保险额度审批较为随意,并未按照内控制度来执行,甚至无会议决议进行决策,有些领导既是额度制定人,又是审批人,职位分工不合理导致领导存在身兼多职的现象,为了销售业绩不惜减少对投保人的额度审批流程、舞弊现象时有发生,有些互联网保险公司将保险额度任意调整,存在领导高于内控之上的现象,其隐患是巨大的。保险业务员甚至可能为了利益推销大额保险,而不是推荐适合消费者的产品,存在客户流失的风险;在进行保险赔偿时,由于进入网络保险公司门槛较低,许多互联网保险公司无法偿付保额纷纷跑路,损害了公众利益。

目前,虽然国内互联网保险公司的经营模式种类繁多,但没有任何一种单独的模式是比较完善的,都存在着或多或少的风险。保险公司的官方网站在宣传力度上明显不足,且产品种类较少,平稳运营也较为困难;电子平台模式的监管缺失严重,销售资质欠缺;专业代理机构的运营模式中新兴产品数量少,销售数量难以有大的突破。在经营模式方面,还存在很多需要完善的地方。

3. 服务质量有待提高

在运营服务方面,互联网保险主要通过互联网进行产品宣传、保单投保、保费支付,但一些险种的后续服务还需要线下完成,例如出险理赔、核赔定损,均需要借助线下的柜台、汽车4S店等来完成。如果因案情导致所需提交理赔材料多、理赔时间长、赔款不能及时到账等情况,就容易造成客户的不满与反感,情况严重时不仅是保险公司的服务人员遭到投诉,保险公司也有可能被起诉。相对于我国发展较早的银行、金融、证券行业的在线服务水平,互联网保险的发展仅在起步阶段,相对还比较落后,如果想获取客户的信任和满意,保险公司还要投入大量的人力物力。

另一方面,虽然很多保险公司对于一些险种已经做到线上核损并赔付,但由于互联网飞速发展,电子保单出单量激增,在面对大量的理赔案件时,也难以保证理赔的时效性和优质的服务质量;互联网保险销售无地域性,在全国范围内都可投诉,因为客户的需求量巨大,提出的问题和要求也是千差万别,语言、背景等因素导致沟通之中存在许多困难,解决起来需要投入大量人力资本。此外,因经验不足,业务采用全部线上互联网销售可能影响数据统计的准确性,传统的保险业务若出现错误,一般可通过补签协议或增发批单的形式进行纠正,但互联网保险产品销量极多,如出现错误,很难逐一修正,就算在统计数据之前先通过信息技术后台进行数据修正,也会影响实时监控数据准确性,错误的历史记录是无法抹除的。

另外,保险公司没有深度挖掘产品附加服务。不能建立客户对品牌的忠诚度,降低了客户黏性。由于保费收入依然是大多数保险公司对于业务员绩效考核的主要标准,业务员为了获得绩效讲理,在前期营销时,有可能通过夸张的销售方式来吸引消费者,在寿险产品上业务员可能夸大产品的收益及分红,诱导客户迅速投保,快速签单,造成销售误导的风险,导致客户购买不合适自己的保险产品,后期客户在仔细对比后,会感到上当受骗,而业务员也不提供后续的售后服务,引发客户对服务质量的极大不满,造成现有客户的流失。

4. 专业人才比较缺失

无论是国内的互联网保险公司,还是相关的经营机构都存在不容忽视的问题,即缺乏专业人才。保险公司既需要业务人员熟悉相关的政策法规,还要具有专业的保险知识及销售技巧,一名优秀的传统保险业务人员达到上述要求即可。作为互联网保险业务人员,同时还要拥有优秀的互联网技术水平。一般人能满足其中一两种要求已属不易,能满足所有要求的跨学科的专业人才就相当稀缺了。

（四）产品开发风险

目前市场上主要的互联网保险产品还是以传统简单的产品为主,保费相对低廉,保险期限小于一年,产品的创新力不足且结构比较单一。互联网保险产品种类偏少,主要以车险、普通寿险及理财类保险为主,其他险种的占比很小,呈现出低黏度、同质化的特点,在产品属性、定价、服务及机构上都存在着不足,很大程度上与产品的开发存在很大风险有关。

一般来说,客户会表明自身需求的特点,对互联网保险产品提出需求,希望保险机构为其打造出适合自己的产品。中介机构及第三方平台利用自己的渠道销售产品,保险公司随后付出一部分费用就能完成产品的推广和销售工作。这样做的好处是提高了产品开发及销售推广的效率,缩减了整个产品运营的周期。不好的地方是在线销售产品的规模庞大,产品的任何不足都难以在短时间内修正,如果出现责任漏洞就会导致大量赔案,引发产品在开发方面的风险。保险公司在设计、上线新产品时,不仅要关注产品本身,还要考虑到线上投保操作,如客服在线咨询、保险方案展示、保单填写检测、理赔服务咨询等。

一些保险公司为了吸引客户,增加保费收入,以较高的收益率将互联网保险产品打造为纯粹的理财产品,严重地脱离了保险的实质。例如,2014 年,前海人寿保险公司的聚富三号万能型寿险就以超过 6% 的收益吸引客户,引得众多客户投保,毫无疑问地成为了当年互联网保险保费规模第一的产品。

目前各大保险公司纷纷推出了"账户安全责任险"及"手机盗抢保险",新产品根据大众需求迅速开发上线,承保的均为新型保险标的,保险责任也较传统产品有较大突破,但在费率的厘定上仍使用"旧模型"、理赔的执行仍采用"旧标准",这就导致费率不合理、理赔条件过于苛刻等诸多问题,导致客户的体验感不佳。

（五）产品定价风险

保险产品的内容和环节相较普通的产品更加烦琐,从保障内容、费率厘定到免赔设定,都需要专业精算师进行严格的把控,同时还需要在销售一段时间之后,再来确认当初设计产品的定价是否合理。

与传统保险产品相比,互联网保险产品发展的时间还比较短,产品的更新换代速度快,缺乏历史数据作为参考,在最开始给产品定价容易有误差,因此定价风险是难以回避的风险之一。同质化是互联网保险产品的一个突出问题,这就可能引发恶意竞争行为,一些公司通过低价策略先打开市场,这样的做法给产品的长期发展带来重大隐患。互联网保险产品大多数情况下缺少增值服务,例如航空意外保险、航空延误保险、旅游意外保险等,诸如此类的很多保险产品的保险责任都是一次性的,客户在很大程度上不需要了解所选保险公司,保险公司也因此无法与客户深入的交流,产生更多的连接,这导致了互联网产品通常以价格取胜,无形中增大了保险公司的定价压力。如账户安全责任险刚进入市场时,保险公司厘定的费率并不高,认为该风险在一定程度上可控,但随着产品销售时间的推移,索赔率逐渐上升,产品费率才逐渐调高,但前期销售的大量产品仍给保险公司的赔付率带来了不小的影响。

（六）信息不对称风险

防止道德风险和逆向选择是保险公司核保部门和理赔部门工作的重中之重,它们都是保险公司运用互联网技术需面对的极大挑战。保险公司初期就应该考虑提升此类业务的流程质量,减少理赔成本。

只要保险人和被保险人之间有信息不对称的情况出现,道德问题就随之而来。因为互联网保险产品是线上销售的产品,与线下销售最大的不同就是保险人与被保险人没有机会当面交流。一方面,保险人很难仔细、清晰地了解被保险人的实际状况,包括身体健康状况、收入情况、家庭背景等,这就极大地增加了出现道德风险的概率,从而引发了高索赔率,损害到保险人及相关者的利益。另一方面,被保险人对所选择的保险产品也知之甚少,很有可能在购买后都不知道风险保障的范围,更不了解索赔的流程,导致如果真的出现可进行理赔的险情时,不知道如何索赔,浪费了维护自己权益的机会。

赔案发生后,在互联网上难以界定保险责任的归属,很多保险公司为了避免客户的恶意投诉,都会选择在没有充分证据证明保险责任属实的情况下进行赔付,被一些投机分子得知后,引发更高的道德风险。

"欺诈与反欺诈"的现象日渐增多,由于互联网保险产品在通常情况下保费较低,一些不法分子利用虚假信息申请索赔,恶意欺诈保险公司,获得赔款,如华泰保险公司的"职业骗保师"案件,买家在收到购买的商品以后,立刻申请退货,卖家收到的退货商品原封不动,连包装都没有拆开,而且退货的快递单面也是机打,种种不合理的现象,暴露出一群专门通过退货骗取退货运费险赔偿的人。"职业骗保师"一般在主打"七天无理由退货"的平台购买产品,购买产品的同时购买退货运费险,更有甚者直接购买包含退货运费险的产品,随后选择价格最低廉的快递公司进行退货处理,以此赚取赔款与退货运费之间的差额。这起案件成为国内首例互联网保险欺诈案件,也开启了保险公司打击"职业骗保师"和反欺诈维护权益的道路。

苏宁电器推出的"只换不修"手机意外险,在刚开始进入市场时,保险公司对产品充满信心,"只换不修"的噱头也吸引了大批的客户,但在销售一段时间后,发现赔付率极高,才发现有客户利用信息不对称的风险漏洞骗取赔款,且销售量巨大,给保险公司带来了极大的损失。

二、互联网保险客户的风险

互联网保险因其购买便捷、产品丰富等特点,给保险消费者带来便利,但同时也存在风险隐患。为此,保险消费者在购买互联网保险时,需谨防以下风险。

(一)"吸睛"产品暗藏误导

有的保险机构为片面追求关注度和销售量推出"吸睛"产品,存在宣传内容不规范、网页所载格式条款的内容不一致或显示不全、未明确说明免责条款等问题,涉嫌误导消费者。消费者普遍存在喜欢低价的现象,因此很容易被低价所吸引,而忽略了其他的内容,有的甚至是重要的内容都没审查。

(二)在线平台暗藏"搭售"

某些在线平台在其票务、酒店预定页面通过默认勾选的方式销售一些保险产品,未明确列明承保主体或代理销售主体,未完整披露保险产品条款等相关重要信息,侵害了消费者的知情权、自主选择权等权益。这种搭售有些是真实的保险公司的行为,有些则不是,而是故意虚设了保险的环节,一旦出了事故,索赔无门。

(三)"高息"产品暗藏骗局

一些不法分子利用互联网平台虚构保险产品或保险项目,或承诺高额回报引诱消费者出资,或冒用保险机构名义伪造保单,往往涉嫌非法集资,给消费者造成经济损失。

(四)信息不对称

俗话说买的没有卖的精。特别是保险商品,不是一般的商品,保险的合同和条款专业性很强。传统的保险都会有保险营销人员给客户作解释和说明,但是互联网保险没有,这给了经营互联网保险商品的中介或第三方平台利用信息不对称获利的机会。

(五)售后跟不上

第三方机构售卖保险商品跟保险公司本身售卖是有不同的:保险公司售卖的保险商品一般都有业务专员进行跟进,也就是说出了保险事故,找到售卖者基本能解决问题;而第三方平台售卖的保险商品可能是通过了几道程序获取的渠道,一旦出了事故,消费者很难直接联系到保险公司,给顾客的理赔造成一定程度的困扰,甚至第三方机构消失,客户连原来的联系方式都可能已经失效,理赔比较麻烦。

(六) 信息被泄露

客户在通过网络投保的过程中,会留下大量的个人私密信息,第三方平台对于获取的保险顾客的信息不如保险公司那么负责,很有可能售卖客户信息,这样保险消费者的信息很容易泄露。

第三节　互联网保险风险防范对策

互联网保险专业性强,涉及面广,存在诸多的风险,监管部门、保险行业内部、保险公司及运营机构要一起努力,全面治理,共同防控风险。

一、保险公司的防范对策

(一) 提升管理能力

(1) 各保险公司把握好数据公开化和个人隐私的尺度。在不侵犯个人隐私的基础上,将数据信息公开化,不仅有利于社会的整体发展,也可以充分利用数据资源,使得其他行业有效地利用公开的数据,同时拓展互联网保险的发展空间。

(2) 各保险公司要制定互联网安全防御措施,明确公司内部各级人员的具体责任和管辖范围。实施运营主管负责制度,针对可能出现的问题提前做好预警,采取具有针对性的预防措施,对互联网保险的安全运营实行全方位的保障。

(3) 加强对保险公司业务人员的管理。保险公司的内部人员特别是直接经手并管理客户隐私信息的人员,如果越权操作,容易造成极其严重的后果。

对互联网保险安全来说,客户信息的安全是最为重要的环节,因此对保险公司人员的管理必须更加严格,一方面,要对人员加大审查力度;另一方面,要加大对违法违规行为的惩罚力度,健全信息安全的保障制度,尽全力保护客户信息安全。

(二) 完善经营模式

尽管销售保险产品的模式种类众多,但还没有出现一种模式可以做到尽善尽美,所有模式都存在着一定的缺陷。

保险公司自主经营的官方保险网站,十分看重互联网保险产品的宣传及推广,优化产品结构,使得客户能够在海量的产品中间选择出真正适合自己的产品。

专业的经纪公司或代理公司更注重产品的创新性,自发拓展销售的渠道,使产品能够有更好的销量。

第三方的电子商务平台要注重资金流,公司自身要进行严格的内部控制,完善使用资金的管理制度。通过监管部门对保险销售资质严格的审查,加强对资金方面的监管。

互联网代理的模式要在比较混乱的市场秩序下提高自身的运营效率,争取实现自我的发展。

专业的互联网保险公司虽然加强了和客户的交流,客户的认可度也比较高,但这种模式在国内还仅仅处于发展的起步阶段,保费规模较小,而在国外发展得相对成熟,国内的互联网保险公司可以借鉴国外保险公司的先进经验,学习前人的成功之处,警惕前人的错误操作。

(三)提升服务质量

(1)理赔工作是保险公司的重中之重。通常情况下,互联网保险产品的销售范围比较广,地域性差别不大。提升服务质量的第一步就是要扩充保险公司自己的服务支持网络,在产品可销售的区域提高分公司的数量,增设服务站点。

(2)提升服务标准,要求服务人员必须熟知产品的各个方面,充分理解客户提出的问题,并及时予以解答,在客户提出索赔时,予以客户耐心、有效的指导。

(3)对于理赔材料的要求适当放宽,简化客户的收集工作,利用大数据自身的优越性,保险公司可以只要求提供必备资料,这将极大地加快理赔流程,带给客户良好的服务体验。

(4)建立快速理赔机制,对客户的线上投诉做好充分的准备工作。每个人的家庭背景、生存环境各不相同,客户对于保险条款的理解肯定有所偏差,这就会导致在保险责任及赔付范围上产生纠纷,投诉不可避免,保险公司提前规划好应对处理措施是十分必要的。保险公司可建立互联网保险专项投诉应对机制,并且放置投诉备用金,如果遇到难以解决又急需快速处理的问题时,凭借专项机制可解决燃眉之急。

(5)凭借互联网独有的特点,保险公司可以及时了解大众的反馈情况。根据反馈情况,尽快完善保险产品。在每个保险产品上线后,应该密切关注该产品的投保、理赔、投诉等情况,还要进行跟踪回访。积极快速地弥补不足,脚踏实地地逐一修正问题,在销售中不断提升产品品质,让产品随着时间的流逝渐趋完美。

(四)引进并培养专业人才

一线业务人员需要由专业的技术人才进行培训,他们在日常处理业务时必须严格按照流程规定操作,不仅仅要提高一线人员专业技能,还要通过培训及操作标准化,减少他们平时工作中的失误操作概率,并将安全操作牢牢的记在心中。由于目前互联网保险的服务体系的质量还有待提高,互联网保险公司更应该加强技术创新,注重培养专业的互联网保险人才。

数据工程师、分析师是互联网保险公司的核心人员配置。发展互联网保险业务,要大力培养基于大数据时代产生的精通数据与保险的全面人才,培养他们的市场敏感度和观察能力,争取让他们做到在出现某一个社会现象之后,迅速捕捉到现象背后的原因,并挖掘出其数据,认真分析,保证数据的真实性和实效性。

另外,还要注重培养互联网维护人员,定期对网站进行维护更新,保证网站能够安全高效地运行,提高互联网保险运营相关人员的能力,灵活地运用科学技术处理有效数据,利用逻辑思维把数据结构整合,创造出新的商业模式。

同时,保险公司的信息技术部门在肩负起技术指导重任的同时,还要承担保障互联网保险业务顺利开展的责任,从产品研发、销售、与其他公司数据链接,到销售系统的维护都要予以支持,深入到互联网业务的整个流程。

（五）提升保险公司平台系统水平

提升保险公司平台系统的水平是互联网业务长期发展的基石。保险公司要不遗余力地提升互联网技术,给予用户个人隐私保障足够的重视。保险公司要不断升级并及时更新自身运营系统,一旦发现问题要尽快安装补丁;还要与专项从事互联网安全工作的科技公司合作,建立专属本公司的互联网保险风险评估体系,根据自身的经营特点,制定相应的规章制度;拥有监视公司平台运营状况的设备,防止运营之中出现大的问题,定期模拟超大流量访问对系统进行测试,以防在极端环境下出现瘫痪状况。

互联网保险技术的应用不应仅限于产品的宣传和销售,还可以在保险公司的业务管理中发挥优势。例如,在机动车辆保险的承保过程中,保险公司可以与销售车载设备的公司进行数据共享,将风险评估标准录入到车载设备中,利用车辆日常行驶的情况进行数据收集,协助保险公司高效、准确、科学地厘定每台车的费率,大大提高承保标的质量。又如在机动车辆保险的理赔中,保险公司可以和制造 3D 摄像器材的公司合作,定损采用 3D 摄像技术,全方位无死角地记录车辆损失状况,不仅简化了人工核赔流程,也降低了核赔过程中的道德风险。

（六）升级销售模式

随着互联网时代的到来,客户的消费习惯发生了明显的变化,营销模式也从 E.S 刘易斯提出的 AIDMA 法则转变为具有网络特性的 AISAS 模式,即从注意（Attention）、兴趣（Interest）、消费欲望（Desire）、记忆（Memory）、行动（Action）到注意

(Attention)、兴趣(Interest)、搜索(Search)、行动(Action)、分享(Share)的转变。后者突出了客户在购买前先搜索、在购买后即分享的行为特征。

这个新兴的行为特征构成了互联网时代产品信息流动的路径。在互联网技术占主流销售渠道后,新的路径由新技术和新设备重新定义。客户通过不同的渠道了解产品的内容及特性,选择符合自己兴趣范围的,再次进行搜索比价,优中选优才进行付款,在使用产品后,将新的体验分享出来。之后的部分客户通过之前客户的分享获得产品信息,开始新一轮的购买路径,最终形成高效、优质的循环。

保险公司借助互联网大数据的力量,打造直接面对客户的网络销售平台,大力推动现有的销售渠道,利用互联网技术让业务流程优化,建立专业的保险产品销售平台、业务处理公共平台、客户交流分享平台。

同时,各个保险公司正在积极地应用互联网平台展业模式,不仅将互联网当作一条销售渠道,还利用它来优化传统的销售渠道。它的作用主要体现在四个方面:

(1)业务人员有效地应用大数据及现有模式为客户提供更符合需求的保险产品。

(2)利用大数据统计产生推荐产品,比业务人员传统销售方式更精准,可以防止销售误导,具有更加令人信服的卖点。

(3)拟定与现有市场在售的产品有差异化的销售方案,提供更加多元化的销售模式。

(4)通过互联网平台进一步加强对代理人的监督与管理,有效地降低传统销售模式中的风险。

互联网保险产品需要客户主动购买,只有产生购买需求才会有销售机会,因此保险公司要做到在客户进行了多家保险产品比较后依旧对本公司的产品最满意,才可大幅提高成单率。可以采取电话销售与互联网销售相结合的方式,客户在保险网站浏览时可以随时拨打客服电话询问,既可通过电话也可通过网络购买产品,整合电话与网络销售的优点,由此全面升级销售模式,使线上、线下业务联系紧密,协同发展。

(七) 改进与创新保险产品

1. 改进保险产品

互联网的普及使用为保险公司创造了产品开发的新空间。互联网不仅可以作为保险业务的销售渠道,也可以用于保险产品的改进,它蕴含的内部价值更是成为保险产品的新标的。而保险产品的改进主要分为以下几个方面:

(1)互联网保险的产生可以使其成为保险公司承保的新型标的。

(2)互联网保险技术的应用使保险公司将已有产品细分至满足客户的碎片化

需求。

（3）互联网保险实时收集大量客户信息，分析客户行为特征，为保险公司传统产品的改进提供坚实基础。

2. 创新保险产品

互联网技术在保险产品业务中，不仅是起到辅助销售的作用，还可以作为保险标的，成为保险公司产品创新的一大亮点。在互联网技术飞速发展的时代，物联网、移动平台及客户端、移动支付等都创造出大量的保险标的，为保险公司提供了潜在的创新产品研发空间，互联网技术更是很好地提供了可用方案及设备。①保险公司能够利用可穿戴设备的定位功能、温度识别功能等高科技手段，放宽保险标的赔付条件；②通过互联网平台收集的大量数据，保险公司可实现较为精准的定价策略，实现从单单依靠历史数据的定价模式转变到依靠实时数据状态的定价模式；③基于大量数据对客户个人信用进行的评估，为责任类保险提供了新的定价依据，车载智能设备，也为车险市场的推广开放性费率奠定了基础。

随着智能手机时代的到来，移动支付日益普及，各大产险公司纷纷推出"手机账户安全责任保险"，以较小的保费投入，确保手机银行账户的安全，为对手机支付安全性充满疑虑的客户提供了安心保障。寿险公司也推陈出新，结合移动客户端特点，推出"摇钱树"万能型保险，产品属于两全保险中的一种，投保时客户可以通过微信"摇一摇"操作，在得到基础收益回报的基础上获得随机的附加收益，给用户耳目一新的投保体验。

阳光保险公司推出了新版官网，改变了以往保险行业以产品为王的销售思路，融合了保险业的特点及现在淘宝、京东等电商平台的消费习惯，以理财产品、健康类产品、意外保险产品等为主，迎合大众目标客户群体，无论是网站的信息架构设计、客户的体验感受，还是产品的流程设计等都被重新审视、定义，得到了客户的一致好评，从而提高了产品的销售业绩。

3. 优化产品结构

互联网保险要以目标客户人群作为出发点设计产品，以客户需求为导向，不断地创新，设计多种多样的互联网保险产品。

国内的互联网保险产品应将设计重点放在中长期产品，这样的产品在互联网的平台上具有比较大的潜在发展能力。在产品形态和设计上保险公司也要作出改进，创造出新的互联网保险销售渠道，使得新型产品更加适合于在互联网平台上销售，这更有利于互联网长期健康的发展。由于互联网保险要面对不同阶层、不同年龄、不同职业的客户,这就需要保险公司开发出全方面、多层次的产品,以满足不同需求,优化保险产品的结构,避免产品单一。国内互联网保险平台还处于发展的初级阶段,一些互联网保险平台还不能完全实现一站式服务,因此还需要保险公司优化升级运营体系,完善在线操作的各个流程和功能,提高互联网保险产品的运营效率,全面提升客户的满意度。

二、保险监管机构的防范对策

(一)完善监管体系

由于我国互联网保险发展速度过快,近几年的互联网保险市场比较混乱。大数据时代的到来给互联网保险的经营带来了很多问题,为了互联网保险平稳持续地发展,相关监管部门应提出明确的经营要求,尽快出台完善的与互联网保险信息安全相关的法律法规,全面提升互联网保险信息安全保护的级别;建立健全互联网保险法律法规,为互联网保险长期稳定的发展提供良好的环境。

(1)道德风险和逆向选择是保险行业的两大高发风险,监管部门可以根据互联网保险的特点,针对存在这两种风险的业务出台明确规定。

(2)完善整个互联网保险行业的法律法规,制定出详细的互联网保险行业的制度规范,进一步规范约束互联网保险的运营方式、销售手段、费用政策等。

(3)监督管理部门的监管职能也应加强,营造出安全高效的市场氛围。

(4)建立互联网保险业务的单独核算制度、创新互联网保险产品的审批制度等,以确保保险公司拥有足够的偿付能力。

互联网保险要有法可依、有法必依,以法律法规的刚性要求及严格的制度规范来保障互联网保险的健康、可持续发展。

(二)建立多层次系统机制

(1)建立健全的互联网信息体系。保障电子结算安全,确保签署的电子投保单及合同符合法律要求。

(2)建立专门针对互联网保险的规章制度,并保障它可以可持续发展,从法律法规层面全面提高监管水平。建立互联网保险业务明确的进入、退出机制,将其正式纳入监管的范围,对各保险公司的运营能力分级,建立多层次的市场机制;建立信用系统是互联网时代的必要要求,需要监管部门建立互联网保险行业的整个信用体系;建立互联网保险风险防控系统,确保互联网保险业务公平、公正、公开地竞争,阻止相关犯罪行为的发生,让互联网保险在监管部门的严格管理监督下健康发展。

（三）加强监管力度

在互联网保险有相应法律可以倚靠的前提下，还要做到依法适度监管。既要严厉坚决地打击保险公司可能出现的违法行为，例如洗钱、欺诈、恶意竞争等，又要以相对包容的态度面对互联网保险业务的创新，在新兴产品上尽量不采用"一刀切"策略，避免过度监管而遏制互联网保险的正常发展。中国保监会于 2017 年制定了《关于加强保险消费风险提示工作的意见》，意见中提出要规范运作流程，加强保险消费风险监测、识别。保监会相关部门、保险行业协会、保险公司及相关机构要重视对消费风险的监测、识别和评估，高效识别消费风险，与此同时关注并监测新业务、新领域等暗含的消费风险，特意指出互联网保险业务的消费风险问题。《中华人民共和国保险法》也应与互联网保险业务的快速发展相结合，被相应修正，对互联网保险业务的发展给予明确的规范与指引。

三、保险行业协会的防范对策

（一）推进纠纷对接机制

秉承"监管部门指导监督、行业组织协调沟通、保险机构踊跃响应"的原则，行业协会应完善行业调节制度，进一步完善诉讼调解的连接和配合工作，构建行业内部的共享机制，采取递进、分层的方式解决客户与保险公司间的纠纷；对监管部门制定的法律法规在现实操作层面出现的问题予以积极的反馈，加强对调解服务人员的培训和指导，并对负责的调解环节制定透明统一的收费标准。通过以上一系列的工作进一步推进纠纷对接机制。

（二）搭建互联网维权平台

行业协会可在监管部门的指导下设立专门的投诉网站，也可与已有的相关平台密切联系，建立合作关系，搭建互联网维权平台，利用重视客户维护权益的概念，对保险公司施加无形的压力。另外，还要严格落实平台点击访问的情况，相关的服务人员设置工作机制，提高职责水平，快速、有效地处理互联网保险客户提出的疑问和意见，充分考虑客户的利益，提高服务人员的责任心，使客户反馈问题、维护权益的渠道畅通无阻。

（三）提升保险认知度

行业协会可通过大力宣传互联网保险的方式来提高普通公众对保险的认知度，进而提升公众对保险的认可和信任。迅速发展互联网保险的前提一定是在维护互联网保险信誉的基础上，将互联网保险的形象树立起来。这不仅可以使互联网的发展平稳顺畅，还可以消除原来社会上一些人对保险行业的成见，引导客户主动了解、购买保险的意识,培养客户与保险产品建立连接的习惯,从而打造良好的互联网保险发展环境,促进整个行业健康可持续发展。

四、保险客户的风险防范

针对部分互联网保险存在的问题,监管部门依法采取监管措施。同时,中国银行保险监督管理委员会提示保险消费者,购买互联网保险时,应留意以下方面。

(一)阅读条款,谨防误导宣传

保险消费者要主动点击网页上的保险条款链接,认真阅读保险条款和投保须知等,结合条款内容决定是否购买相关保险产品,不要轻易被某些"吸睛"产品的宣传"噱头"误导。

(二)评估需求,合理选择产品

建议保险消费者评估自身保险需求,认真了解拟购买保险产品的保险责任、除外责任、保险利益等重要内容,从而选择购买符合自身保险保障规划和实际需求的保险产品。

(三)擦亮眼睛,勿受高息诱惑

保险消费者要认清保险的主要功能是提供风险保障,尽管部分保险产品兼具投资功能,但其本质仍属保险产品,以保障功能为主。保险消费者不要轻信保险产品"高息"宣传,避免遭遇非法集资骗局。

第四节　保险科技的展望

随着互联网和移动设备的普及、消费者习惯的改变以及互联网保险市场的成熟,互联网险人口也将迅速扩散。以大数据、移动互联、云计算和社交媒体为基础的数字化技术,为保险运营模式和业务模式的改变提供了技术可能性。在所有的互联网技术中,大数据对保险行业的影响最具颠覆性,大数据技术则可以帮助保险企业提升使用数据的效率,更好地设计保险产品和分析相关风险。大数据技术自 2011 年起发展势头迅猛,为保险行业带来了"改革"和"改良"式的发展机遇。

一、大数据对风险评估的作用

(一)丰富互联网保险风险特征的描述

在大数据时代,获取数据资源更加方便,也更为精确,被保险标的风险特征的描述也被极大丰富。在寿险领域,互联网保险公司利用可穿戴的设备实时监控人体个人的健康情况,如用户的心跳、运动量和睡眠等。这些数据可以弥补传统生命表的不足,使得保险公司更为精确地掌握目标细分人群的身体状况和死亡概率。在汽车保险的定价方面,互联网保险公司不再是单单获得汽车的车型、驾驶员的个人信息、汽车的零整比数据、汽车往年赔付等,还可以通过安装在汽车上的车载传感设备来收集驾驶员的实时行为数据,并根据这些数据来为车主设计出个性化的产品,制定合理的价格。

互联网保险公司通过分析来自社交媒体上的非结构化数据,有利于发现和识别消费者存在的风险,这种模式已经被广泛应用在银行等金融领域。例如,拍拍贷与全国十几家权威机构合作获取数据,并对申请人互联网上的碎片信息进行分析,对用户的信用进行综合评估。互联网保险公司在未来很有可能会出现类似的风险评估方法,以扩充传统的风险数据源。

（二）扩大承保范围

大数据技术的产生和发展对于保险的承保风险结构产生了重要的影响,很多过去保险公司不敢承保的,在大数据时代可能成为可保的。因而催生出更多的新险种,极大地丰富了互联网保险市场上的产品结构。

随着电子商务的发展,网络购物成为了常态,人们在享受着便捷购物的同时也面临着新的问题。互联网上卖家和买家不能直接接触,买家无法确定商品是否符合自己的要求,因此交易的不确定性带来的退换货风险大大增加,看似金额很小的运费却成为了卖家和买家关注的重点。在保险行业还未掌握大数据技术前,虽然这类保险的需求量大,但是保险公司无法准确地识别其中的风险,而且开发产品成本高、理论基础不明确。一直到大数据应用落地,华泰财产保险公司、众安保险公司才合作推出了退运险。互联网保险公司通过收集大量相关数据,依靠大数据综合维度分析影响运费险的参数,精准地评估每单交易所产生的退运费风险,进而设计出合理的保险产品。

（三）优化定价体系

在传统的保险定价系统中,细分客户的方法比较粗糙,同一类客户购买的保险产品的定价是相同的,这导致实际上不同风险等级的客户在购买相同的保险产品时付出相同的费用。这样的价格"一刀切"会出现高品质客户不愿购买产品、保险价值流失等问题。大数据技术可以帮助保险公司优化定价体系,努力让客户购买产品的价格与客户自身的风险相匹配。除此之外,传统保险公司还存在不能及时更新产品定价的问题,例如客户停止购买捆绑保险产品中的某种产品后剩余的产品依然可以享受捆绑折扣,而大数据技术则可以改善这个问题,帮助互联网保险企业预防价值流失。

在车险领域,美国前进保险公司利用车联网设备,收集驾驶地点、速度和急刹车等驾驶数据,来分析驾驶行为中潜在的风险,设计出个性化的 UBI 车险产品。

随着 2016 年商车费改在全国范围内推广,我国保险行业积极布局 UBI 车险,并已开始取得核心驾驶数据。随着部分互联网保险公司的车联网数据平台搭建成功,将有望切入定制化 UBI 车险数据平台的开发、运行,打造出 UBI 车险完整的"车联网数据平台＋硬件＋增值服务"的闭环回路。UBI 车险基于用户数据,能够科学定价、防范风险,帮助互联网保险企业提升盈利能力。

在寿险领域,保险公司可以通过分析消费者身上佩戴的设备中产生的数据,例如心跳、睡眠等数据,实时监控被保险人的身体状况,并对身体状况良好的被保险人提供保费折扣,从而鼓励被保险人增强体质,从而使得保险公司降低风险。

二、大数据对反理赔欺诈的作用

(一)理赔欺诈检测

保险欺诈行为屡见不鲜,是影响公司赔付率和利润率的重要因素之一。互联网保险公司可以在大数据技术的支撑下提升自身反欺诈能力。根据大数据模型自动识别可能存在的欺诈模式,分析索赔人潜在的欺诈行为。还可以根据大数据分析结果设定关键的问题,通过大量的实例分析来验证关键问题的有效性,并不断改善关键问题,常见的关键问题包括事故的发生时间和地点、事故造成人员的伤亡情况和被保险人的过往出现情况等。

当互联网保险公司掌握的数据越完整、种类越多,通过特定的算法识别出来的欺诈行为结果会越准确。因此,互联网保险公司应该尽可能地收集有效数据,如理赔历史记录、医疗保险数据、征信记录、保单信息等,只有收集的数据越完善,才能更大程度地减少保险欺诈行为给公司带来的利益损害。

美国一家名为 Allstate Corporation 的汽车互联网保险公司,利用大数据技术来整合理赔数据、网络数据和揭发者数据,识别和分析出其中的欺诈规律,帮助公司减少损失。这家公司先将所有的理赔请求都当作现有的欺诈模式自动处理,接着通过分析后再将可疑的请求转为人工审阅,在互联网自动化和人工审阅这两道工序后,更多的欺诈行为被检测出来,公司的利益得到了维护。

(二)理赔预防及缓解

影响到保险公司的利润的一个重要因素就是赔付率,因此对于赔付的管理也一直是保险公司关注的重点。当出现了超大额赔付的案件时,互联网保险企业的赔付会大幅上升,大数据技术可以为互联网保险公司及时、高效地采取干预措施提供良好的支持。往往发生高赔付的案例早就有端倪,如果可以及早发现并加以控制,则会大大减少公司的损失。例如,利用大数据分析技术去自动跟踪伤者的疾病发展过程,并且及时建议跟进治疗以避免病情更加严重,从而有效地预防和缓解超大赔付的情况。

在大数据模型索赔预防和缓解中,互联网保险公司可以通过设定关键问题,并利用大数据技术加以验证,不断寻求更优的关键问题,从而进行事件模式分析和索赔人分析。以事件模式分析为例,较为常见的关键问题包括事故细节、治疗细节、整合治疗和诊断复杂程度等,所需的数据资源包括理赔历史数据、医疗保险数据和医疗账单等。数据源越丰富、质量越好,那通过大数据建模得出的分析结果可信度也越高。

三、保险科技的前景

保险科技致力于创新,利用最新技术提高保险行业的利润和效率。

随着保险科技的应用,普通人的生活同样会得到改善。与目前的状况相比,技术的进步将节省保费开销并提供许多其他的优势。

传统保险业在客户眼中的形象很负面,它通常被认为是神秘、难以理解和具有诱导性的,甚至它最终会被一些人认为是浪费金钱。保险科技正在帮助保险行业改写这一刻板印象,让保险公司能够为客户提供全方位的更好的服务。

四、自动化

在保险业务中,使用科技将许多承保和后端任务自动化,是保险公司节约成本和改善客户体验的可靠方法。

Lemonade 是一家新成立的公司,它利用保险科技提供的"杀手级"价格比竞争对手便宜得多。Lemonade 目前的净推广分数(NPS,用来衡量客户向朋友推荐该公司的可能性的分数)为 70 分,而行业平均水平不到 20 分。他们对大数据后端技术的使用不仅为客户节省了资金,还使得理赔比其他公司更快,这必然是他们取得这一惊人成绩的原因之一。该公司还采用了聊天机器人技术,以确保能够 24 小时不间断地回答客户的问题,他们的公司博客在揭开这个行业神秘面纱的方面做得很好。

中国银小保科技有限公司(以下简称银小保)是一家以大数据为核心,探索保险领域互联网新模式的综合型新兴平台,赋能数字化保险。作为互联网推广平台,平台定位自身为一站式家庭和企业风险管理平台,为万千保险从业人员提供全球保单云、个人保险商城、疾病预核保、家庭需求分析、企业需求分析、产品对比、计划书、客户跟踪等多款保险展业工具,通过高精尖的技术服务支持,帮助会员建立全方位全流程包周到的客户推广服务能力,让会员的出单变得更高效更简单。

Ageas 是一家英国公司,它使用人工智能来自动分析车祸图像,以决定索赔的有效性。这是一种更有效和成本效益更高的索赔评估方法。对客户来说,这意味着更便宜的保险和更快的支付。

五、基于行为的保险

基于行为的保险即 UBI 多年来一直备受关注,尤其是汽车保险行业。通过使用黑匣子记录仪或远程信息处理设备上传最新的驾驶数据,保险公司能够更准确地预测驾驶员发生事故的概率,并向客户提供改进的费率。有了这个新的动态定价方法,安全驾驶员多缴纳保费日子一去不复返了。这项系统在减少保险欺诈事件方面也非常有效。这项技术正在健康保险市场中扩张,使用联网的可穿戴设备让保险公司进行更细致的健康风险评估。在家庭保险市场,安装智能家居监控系统可以提高安全性,降低房屋损坏风险。

六、蓝海市场

技术允许保险公司涉足以前无法为大众市场提供足够保障的领域或普通人无法负担得起的产品蓝海市场。一个很好的例子是一个人并不经常驾驶他们的汽车,但他们还是必须购买一个每天都在生效的昂贵保单,即使他们不打算每天都开车。但是,由于保险科技使市场更加多元化,这些人现在可以以更合理的价格获得他们所需的保险。

Cuvva 就是这样一家公司,它提供以几天为保险期限的保险,允许客户根据需要打开和关闭保险。Bought By Many 是一家利用数据来寻找市场空白并提供服务的公司。这种模式适应了某一群人的需求,包括那些在"零工经济"(独立承包商或短期工人)中工作或经营小型企业的人、有长期健康保障需求的人,以及有特殊宠物医疗需求的人。

七、巨灾保险

随着技术的更新,巨灾保险领域得到了极大的改善。对生活在易受灾地区的人们来说,使用数据反映并分析灾害可以提高预测的能力,这意味着在灾害发生时他们更容易获得援助。

除此之外,使用无人机和指数保险这两项新事物来应对特定灾害的发生而非对损失被动补偿,可为偏远地区提供更好的帮助,从而使其实现更快的恢复。

八、客户支持

人工智能(AI)是另一个用于改善保险科技行业的技术领域。目前,许多公司在其网站上都有聊天机器人,它可以快速有效地回答客户问题。随着技术的进步,技术有望能帮助客户获得有关保险的正确答案,并就他们的保障需求选择正确的保险。

目前,银小保科技有限公司提供的互联网推广平台,可以实现疾病预核保、家庭需求分析、企业需求分析等功能。疾病预核保为患有疾病的客户提前进行预核保操作,疾病范围包含了心肌损伤、热性痉挛、贫血、先天性心脏病、手足口病、肺炎、川崎病等,相当广泛。家庭需求分析基于保险用户大数据、量化模型等保险科技,为客户自动计算生成家庭风险评估报告,十分精准、有效、快捷。企业需求分析对不同行业(制造业、服务业、餐饮业、零售批发等)的实际情况进行企业风险分析,从而自动计算生成企业风险报告。企业客户可以十分快捷、简便地看到对应的风险点风险指数如何,例如信用风险、公共责任风险、企业财产风险、产品责任风险、团体意外风险、雇主责任风险、运输风险等。

保险科技正在简化索赔,许多公司现在允许在线提出索赔申请,甚至是通过移动设备提出索赔,这与通过电子邮件发送索赔申请表的传统方法相比,极大地改善了客户体验。

本章主要内容

　　智能信贷的概念和特征；智能信贷风控与传统信贷风控的差异；互联网金融公司开展大数据风控的前提条件；大数据对恶意欺诈的防控。

本章应掌握的主要技能

　　了解智能信贷的运作模式和工作原理；懂得智能信贷面临的主要风险；能够通过技术手段对风险进行一定程度的管控。

第一节　智能信贷概述

一、智能信贷的概念

　　智能信贷是一种基于人工智能技术、无人为干预、完全线上自动放贷的模式。

二、智能信贷的特点

(一)人工智能＋金融

　　信贷服务是一种普遍的金融服务，用于解决个人或企业的资金周转问题。传统的信贷服务主要通过商业银行进行，但商业银行放贷门槛高，审批手续烦琐。随着芯片技术和人工智能算法的双重爆发，个人信贷进入智能信贷时代。人工智能与金融相结合，人工智能赋予了模型自我优化的能力，通过机器挖掘到大量的弱特征数据，让其自主建立评判模型。例如，通过输入用户特征数据和最终的贷款偿还情况，得出申请时多次修改申请资料的用户存在信息造假的概率高。此外，机器还可以利用多维度数据对用户的真实性和可靠性进行检验，在机器学习方式下，通过不断放贷、收贷，积累大量交易数据，促进模型快速迭代优化，使精度不断提高，风控能力也随之增强。

（二）客户面广泛

相比传统的金融服务，智能信贷的客户有了根本的转变，由原来具有极强的地缘特色，变为"互联网＋"金融，客户不再受地域的控制，东北的客户也可以获得深圳金融公司的信贷款项，甚至是外国的公民只要经常光顾我国的市场，留下了足迹，如经常使用支付宝，就可以在支付宝的花呗、借呗上借到一定数量的贷款。在智能信贷系统里，但凡有大数据的网络空间里，智能信贷的客户非常广泛，不受空间的限制。

（三）免抵押，额度不高

传统的信贷申请人都需要一定的抵押才能贷到款，信用贷款也有，但是比较少，只有对一部分特殊的群体，例如公务员、事业单位员工，信用贷款的额度才比较高。智能信贷一般都是纯信用贷款，它不需要抵押物，依靠的是大数据系统对客户的评分，也就是智能信贷系统都会自动审核客户的资料，评判为客户放款的风险。正因为不用抵押，面对广大客户群体，网络信贷机构必须衡量风险。所以，除开在天猫、淘宝或京东这样大的电商平台上拥有很高交易量的特定客户，其他小交易量的客户所获取的信贷额度往往不高，大多只有几千元到一万元的额度。

（四）审批速度快，效率高

传统的贷款审批手续相当烦琐，书面材料的传递及认证需要人工进行，需要经过一个很长的时间段，有的甚至需要风控人员上门走访，查看借款单位的实际情况。贷款单位还要逐级审批，费时费力。智能信贷利用了大数据系统，根据客户在网络中的各种数据和轨迹对客户进行风控调查，处理高速、高效，从客户的申请到审批完成，快的话可能只要几分钟。智能信贷的快速审批，使得一些仅需少量贷款的客户找到了救星，赢得了很多在银行或金融机构难贷款客户的心，这些贷款为很多小企业资金周转带来了流动性，也提高了它们的运转效率。

（五）降低成本

智能信贷相比传统的借贷方式，无论是放款方还是借款方都极大地降低了成本。智能信贷放款方不必使用豪华办公场所、雇佣大量的员工，大量的工作流程都是机器人在操作，节省了大量的场地和人工开支。放款方节省的开支就间接为借款方降低了费用。另外，借款方足不出户就可以办理业务，通行和时间成本降低。智能信贷还可以节省中介费用，智能信贷一般直接放贷，从放款方到借款方账户，没有中间环节。

（六）全天候在线

智能信贷是存在于网络空间的一种信贷方式，它没有了上下班的概念，24小时在线，全天候为客户提供服务，带来了极好的体验，深受欢迎。

案例6-1：上海指旺信息科技有限公司①

特色产品：移动进件；智能尽调；风控建模；风险预警。

（一）移动进件·解决方案

移动进件是集成前台管理和后台管理的综合移动端产品，前台面向意向客户，实现对贷款客户贷款过程的全流程线上操作，后台面向业务人员，自动推送数据至后台实时进行审批处理，是营销人员开展移动营销的有力武器，不仅有效地缩短了进件及流转时间，而且极大地提高了运营效率，提升了客户体验感。

（二）智能尽调·解决方案

智能尽调是一款适用于各类金融机构，用以对各类银行流动资金贷款的借款主体的经营状况和财务状况进行评价，解决目前流动资金贷款调查中不能准确定量分析判断的难题，自动生成流动资金贷款调查评价报告，辅助金融机构高效低成本完成授信调查的产品。

（三）风控建模·解决方案

风控建模面对银行、小贷、租赁、担保、保理等金融机构，在中小微企业金融业务过程中，提供准入反欺诈、风险画像、信用评分、经营报告、授信策略等全流程服务，帮助信贷机构有效识别过滤高风险行为，减少资金损失，实现风险管理的闭环。

（四）风险预警·解决方案

风险预警平台是一个架设在风险管理部门和业务营销部门之间的信息沟通平台，系统整合各维度、各层次的风险数据，建立立体化的信用风险预警体系，及时发现识别各类风险预警信号，通过主动发现模型、全面排查模型、行业风险分析模型、预警模型等，对疑似金融风险机构、客户进行分级预警，构筑金融风险防控体系。

（五）智能信贷解决方案

智能信贷解决方案如图6-1所示。

---

① 网址：http://www.fintecher.cn/yewuguanli/yidongjinjian/.

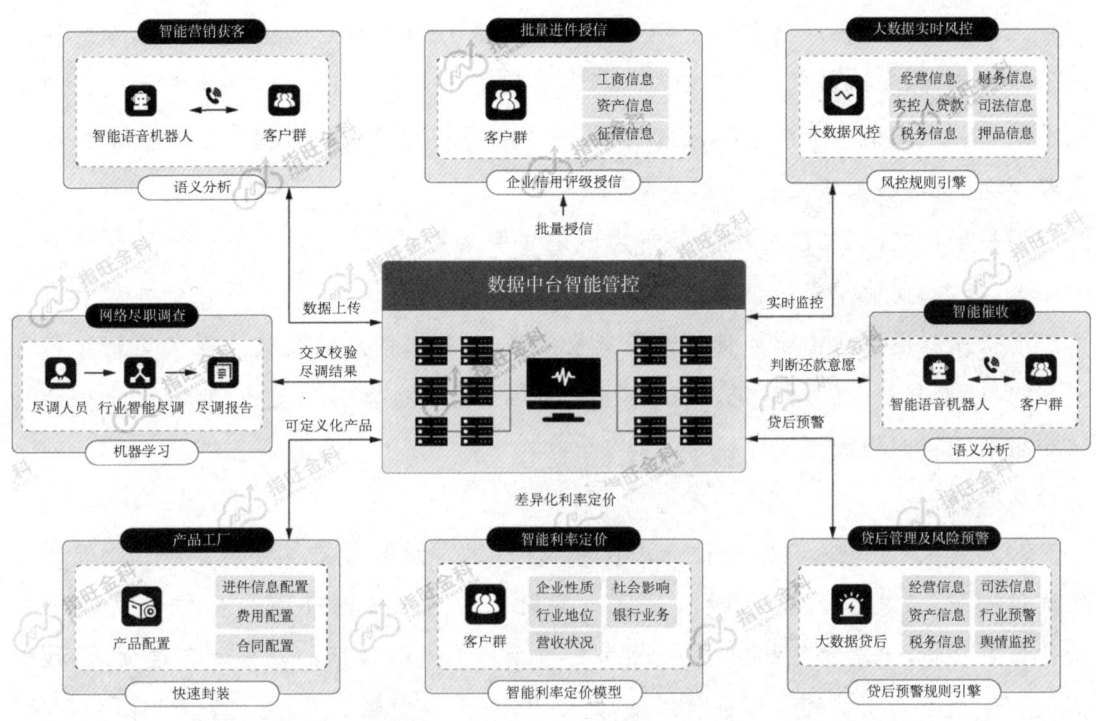

图 6-1 智能信贷解决方案示意图

案例 6-2：在智能信贷中"读秒"

运用大数据风控和精准决策运营模型进行信贷决策，
驱动多种形式的纯线上无抵押无担保贷款服务

董 莉

她有近 20 年跨国银行风险经管经验，负责过个人及中小企业金融产品设计及风险控制，具备先进的国际风险经管理念及丰富的中国市场实践经验。

她在美国学化学工程，出了学校的学霸却"不务正业"地进入了有着美国"金融黑帮"之称的第一资本（CapitalOne），8 年间，她历任产品、市场、风控高级经理。2006 年，她回到中国进入渣打银行，创立零售风险经管团队，任渣打中国零售风险总监，经管跨越 50 亿美元的信贷资产。

这些辉煌的履历都来自周静这个看不到岁月痕迹，又看似弱不禁风的"大女生"，但是如今一切归零，专注"读秒"。

2015 年 1 月 26 日，周静离开上海来到北京，将自己驻扎在温特莱中心 16 层挨着门的工位上。5 天后的 2 月 1 号，她所带领的团队就立项要做一款智能的信贷产品，品钛（PINTEC）集团 CEO 魏伟将其冠以"读秒"之名。4 个月后，读秒在周静战斗过的上海揭开面纱——读秒的现金贷业务上线,它是一款线上审批、无抵押、线上放款的纯互联网信贷产品,当时额度是2万元以内(现在已经上升至5万元),运营当天就接受了线上的第一个申请。上线一年后,读秒从一个纯产品升级到一个整体解决方案和决策引擎,她也从产品负责人成为读秒的CEO。

读秒出水之时,已经有不少公司尝试消费金融不同的玩法。"市场玩家各自依靠着生态、技术、商业模式一较高低。但新兴的消费金融好比马拉松,现在仍处于最前端的一千米处。巨头注重业务量打造了先收优势,以技术铺路的科技金融公司则正积攒更多接口,厚积薄收。"周静说,"在我看来,固然最终的胜负易下定论,但技术永远是科技金融最不可忽视的环节。"

为什么要快?

2006年,周静进入渣打银行。2007年,渣打银行开始人民币客户业务。周静开始组建风控团队,做零售信贷业务。用了9年时间帮它在中国市场落地,并且为整个中国的信贷市场,包括零售和中小企业、房贷市场打下了非常好的基础。在这期间,她和团队尝试把个人信贷的流程进行压缩,时间从10天缩短到7天,又从7天缩短到3天,甚至想要做到1天就可获得信用额度,但始终难以在传统金融机构中实现实时授信,原因在于传统信贷模式有瓶颈,整个流程步骤不能省、次序不能变。

当时,零售类的长尾客户,不管是个人还是小微企业都难以被传统金融很好地服务,整个流程太烦琐、太长,太不符合互联网时代要求。周静当时就希望有一个产品能解决客户的需求和痛点,同时风控还能把住。

的确,中国零售信贷行业存在着痛点:首先,无论是个人还是小企业,信贷需求旺盛,但高门槛和复杂的流程压制了它们的需求。企业或者个人对信贷的需求大多被磨灭在长时间的等待和复杂的流程之中。其次,对于金融机构来说,尽管它们也想做零售信贷,但是这个市场非常的碎片化,所以需要投入的成本高。最后很多商家想给终端客户一个信贷解决方案,但要打造这样一个解决方案投入非常大,如果信用风险控制不好,后果很可怕。

针对痛点,周静认为信贷产品必须具备三点:第一是高便捷性。移动互联网时代的信贷,一定要在手机上也可以做到全流程的申请,获得实时的结果。第二是超强的适配性,这个产品本身需要可适用于不同的场景。第三是可持续性。金融机构的痛点就是需要非常大的投入,而可持续性却不高,这也是读秒需要深耕的地方。

读秒的业务涉及个人线上信用贷款、小微企业线上信用贷款和针对机构客户的线上信贷解决方案三类。除了具备周静认为信贷产品必须具备的高便捷性、超强的适配性和可持续性外,读秒还做到了快速、透明和高效。传统银行最快能做到3天,读秒10秒钟完成个人贷款授信,自动放款。在整个信贷流程,特别是小企业信贷流程当中,中间有很多的中介,不仅拉高了客户成本,对机构来讲风险也高,现在读秒切掉了很多中间利益作假的机会。

从读秒的申请流程来看,个人客户提供姓名、信用卡号和手机号等简单信息;然后读秒通过不同维度进行评分,并在几秒钟内做出决策。全程自动化审批,具备安全、便捷、精准、满足碎片化需求、适配性强等多个特性。另外,读秒基本上没有金额下限,哪怕100元也可以做分期。后台系统从不过节,7×24小时全天候在线。同时,读秒还可以定制化地嵌入不同的场景和不同的行业的解决方案,让客户体验最优。

技术输出

从美国到中国,18年的岁月里周静几乎都是在与风控打交道,风控对她来讲,不仅仅是一套算法或技术或模型,而是"从你圈定市场里哪些是我的客户开始,就已经在做风控了"。为了更好地控制风控,读秒从立项开始花了大概一年的时间打造了最大的数据库,接了约40个数据源,通过API接口时时交互。数据接入进来之后,读秒会将其放在一个库里面,通过自建的欺诈、预估收入、预估负债比等多个模型对数据进行清洗、挖掘,通过平衡卡和决策引擎给出综合决策,且所有决策是平行进行的。

周静认为,金融是看重边际效应的行业,而互联网看重的是规模效应。相比于互联网巨头的体系和生态闭环,开放体系的智能信贷业务将获得更大成功。6月初,读秒把智能信贷决策引擎做成"读秒驱动"产品,向合作机构技术输出。

在读秒的开放体系中,"读秒驱动"主要面对两大客户群,对于零售企业,"我们可以全流程的输出零售信贷服务解决方案,扩大客户群体,促进销量,增加用户的黏性,让企业不用自己打造很大很深的金融体系,而是我们帮它去服务终端客户。"周静介绍,对于金融机构,读秒也会做智能信贷基础解决方案的输出,"金融机构可以得到纯电子化的信贷的解决方案,从而可以切入长尾、碎片化的消费信贷场景。我们可以追踪资金的流向,流程透明,安全性也高。"读秒开放服务模式采取模块化的思维,使得其技术体系有很高的灵活性,能够方便地嵌入到不同的消费场景中。嵌入的方式既可以是全流程的完整服务,也可以是获客、风控、资金、贷后等不同环节的核心技术。

场景化的消费分期模式进一步开放了分期类产品的使用平台,读秒对接有分期需求的合作方,如旅游、电商等不同场景,客户在消费时不需要跳出场景去申请分期请求。"读秒驱动"引擎在后台通过场景内的历史交易、用户习惯、消费场景、外部征信等数据,结合自有的数据化授信技术,完成信贷各环节的决策,实现消费分期。目前读秒已经与安盛集团、康德乐、乐视商城、携程、去哪儿等公司达成合作,并得到市场的广泛认可。

第二节　智能风控

一、传统风控流程

传统风控流程如图 6-2 所示。

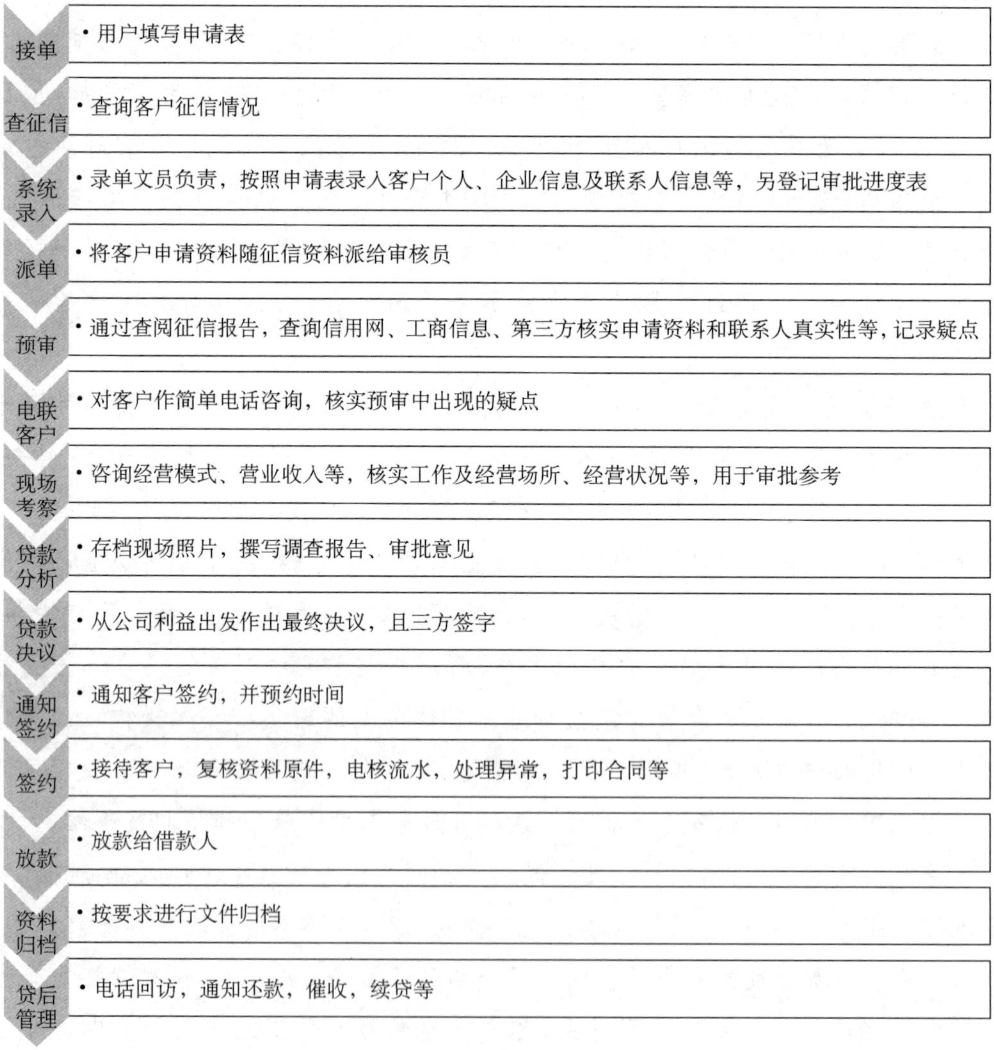

接单	·用户填写申请表
查征信	·查询客户征信情况
系统录入	·录单文员负责,按照申请表录入客户个人、企业信息及联系人信息等,另登记审批进度表
派单	·将客户申请资料随征信资料派给审核员
预审	·通过查阅征信报告,查询信用网、工商信息、第三方核实申请资料和联系人真实性等,记录疑点
电联客户	·对客户作简单电话咨询,核实预审中出现的疑点
现场考察	·咨询经营模式、营业收入等,核实工作及经营场所、经营状况等,用于审批参考
贷款分析	·存档现场照片,撰写调查报告、审批意见
贷款决议	·从公司利益出发作出最终决议,且三方签字
通知签约	·通知客户签约,并预约时间
签约	·接待客户,复核资料原件,电核流水,处理异常,打印合同等
放款	·放款给借款人
资料归档	·按要求进行文件归档
贷后管理	·电话回访,通知还款,催收,续贷等

图 6-2　传统风控流程图

二、智能风控流程

智能风控流程如图 6-3 所示。

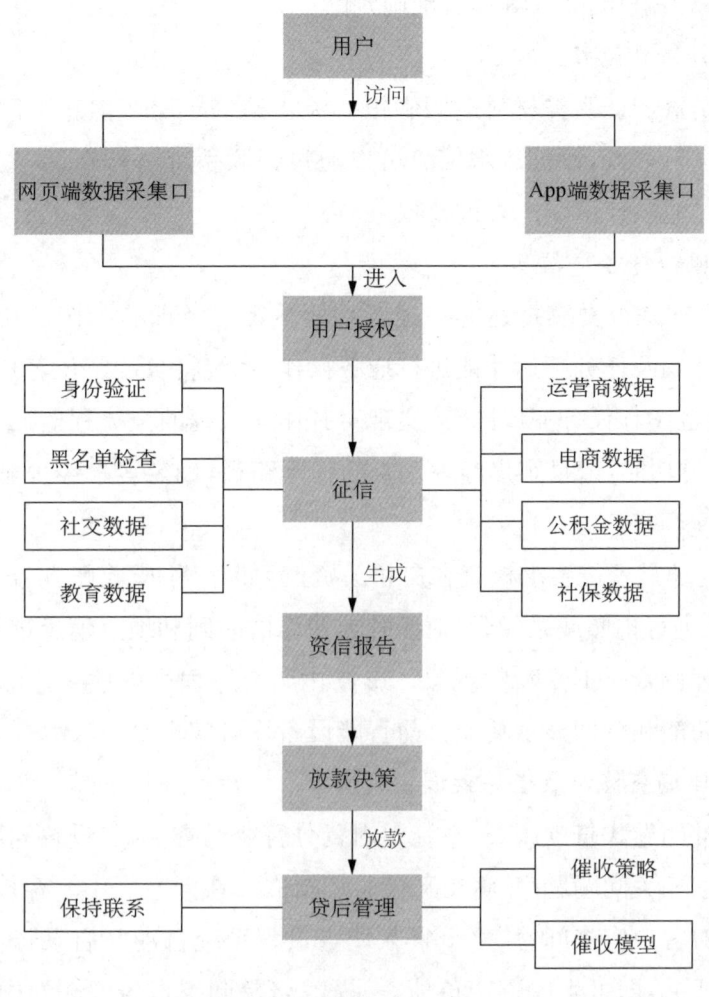

图 6-3 智能风控流程图

三、智能风控的优势和劣势

(一) 智能风控的优势

信贷工厂模式以其流程控制模式,在解决微型金融精细化管理和效率提升方面已经卓有成效。信贷工厂模式也存在人工审批无法标准化审批尺度、各个岗位的风险评判难以衡量的问题。所以,如果智能信贷系统可以解决"手工作业"方式存在的诸多问题,那么它终将会取代"手工作业"的操作方式。使用现有科技手段和信息资源形成的智能信贷风控系统,可以解决传统风控六大"痛点"。

1. 非财务信息搜索整合困难

通过大数据引擎,查询借款人的征信记录、社交数据、教育数据、消费记录等,形成信息量化评判,对客户的品性等作出准确判断。

2. 客户资料信息造假

最典型的是资产证明类材料造假和银行流水造假。房产信息可以通过与土地资源局系统联网进行查询,银行流水信息可以通过银联系统进行查询(签署网签授权解决合法性问题,如签署《不动产查询授权书》)。

3. 客户经理粉饰客户信息

(1) 客户经理是否真实抵达客户经营场所。客户经理的工作必须由团队队长到组长制定每日计划及任务下达才能进行业务操作,系统将自动定位客户经理的所处位置、每日路线轨迹图和任务完成图等,实现对其作业过程的全流程监控。通过 PAD 或手机的 GPS 定位功能,记录客户经理调查的物理路径,确定客户经理是否到达客户经营场所实施贷款调查。

(2) 客户经理是否按要求核查客户相关资产,如存货、应收账款、机器设备等。通过 PAD 或手机进行拍照或录像,并对照片或录像的时间和地点信息进行记录,可以有效限制客户经理调查时不作为的现象。影像化调查过程可以使客户的情况在审贷会中重现。定位功能和日期显示功能目前智能设备均可实现。

4. 客户经理调查技能衰退导致调查失真

可采用标准问卷式贷款调查,系统中内置分行业调查模板,设置问题题库,每个调查模板随机抽取相关问题题库,将交叉检验逻辑嵌入在问卷之中。客户经理依据相关行业调查问卷对客户实施问答,整个贷款调查过程系统自动开启录音,客户仅需将全部问题回答完成后,即可生成资产负债表、损益表及调查报告。问卷中的问题与问题之间存在逻辑校验与交叉验证,类似于"测谎仪"功能,即客户所回答的问题将按照问题的重要程度形成综合偏离度,由此判断客户提供信息的真伪,偏离度过高则直接拒绝。调查录音也可以在贷后检查时校验录入信息的真实性。

5. 审贷委审批标准不统一

建立贷款审批模型,采用打分卡方式自动审批。打分卡已经在贷款审批中进行了广泛应用(各大银行的信用卡审批系统均为打分卡建模系统),但是目前市场上的打分卡模型设置灵活性仍然有待加强。因为系统作为审批官很难考虑到一些情感因素或特殊情况给贷款带来的风险,所以需要智能审批＋人工审核的风控方式。同时,可以根据市场信用风险、银行风险偏好进行评分卡模型的适时调整,保证审批标准统一有效的同时,更好地控制风险。

6.贷后管理松散,贷后检查难以监督

智能风控采用客户分级方式进行差异化贷后管理,使贷后管理工作更加有效。贷后评级贷款通过银行核心系统发放后,智能风控系统将核心系统返回的数据进行贷后评级,同时将有余额的客户生成地图,即管理人员可通过后台系统清楚地看到客户的位置以及相关信息。贷后评级将对不同客户进行分层管理,智能风控系统将根据评级结果针对不同层次的客户生成不同频率、不同形式的贷后监控任务,监控时间到期时通过后台系统直接推送到 PAD 或手机端。贷后工作任务未完成时,系统自动呼叫管理,保证贷后工作的有效性和严格性。现有科技手段已经可以实现通过系统监控工作任务实施。

(二) 智能风控的不足和风险点

1.智能风控的不足

智能风控的优点,前文已经介绍,在目前的政策和技术局面下,智能风控也还有一些不足:

(1) 客户的隐私得不到足够的保护。

(2) 数据的覆盖率不够高。

(3) 数据的匹配率不高。

(4) 数据的饱和度不够高。

(5) 数据的鲜活度不够高。

(6) 数据的查得率不够高。

2.智能风控的风险点

(1) 未来人工智能带给金融风险管理工作的最大风险因素,可能还是人的因素。过分依赖模型和系统,金融从业人员的风险识别能力下降。一旦系统发生错误,如数据、计算的错误等,从业人员无法迅速应对,可能会造成很大的损失。

(2) 当市场上的金融机构普遍使用人工智能的风险管理系统后,复杂的国内外市场并不是几个模型能够判断的。金融机构会为了应对市场的复杂性,不断地叠加模型,最后变成人无法解释,这时候是听从人还是听从人工智能作出决策将成为新的问题。

(3) 金融智能化发展并未改变金融业原有风险属性和类型,反而使风险特征更加复杂和难以识别。金融风险更加复杂,风险可控性降低。金融创新产品不断在市场丰富,使得金融风险交叉感染成为常态,也让金融监管总是显得滞后,系统性风险可能被放大。

(4)信息安全问题,各家金融机构大量采集数据,甚至数据频繁交换,企业和个人隐私暴露无遗。数据安全对于金融机构和客户又是一大风险。数据集中度越高,掌握数据的人的控制权利就越大,如何监督这种权利不被滥用也是一个大的问题。

四、智能风控防控措施

(一)加强法治建设,完善金融业营商环境

(1)营造良好信用环境。政府可以通过制定法规、健全制度、完善信用法律支撑;在界定、处理好国家机密、商业秘密、个人隐私保护与公开之间关系的前提下,出台包括政府信用、企业信用以及个人信用的相关细则;开展社会诚信宣传活动,对各项信用制度进行普及、研究和培训,积极开展社会诚信创建活动,向社会宣传普及信用的价值,营造良好的社会信用环境。

(2)建立信息采集交换机制。建立包括央行在内的金融监管部门、商业银行、工商税务、环保、电信、供水供电等数据交换平台;尽快建立与完善数据挖掘、处理、存储等技术标准与规范。条件许可的情况下,建立区域信用数据采集与资源共享平台,推进大数据信用信息的先行先试,逐步建立并推进金融信用信息的采集交换机制。

(3)建立多方联合惩戒机制,形成对失信行为的有效威慑。建立并完善失信行为的信息管理制度,加强企业与个人信用信息披露管理,强化公共服务信息数据共享,进一步完善金融、行政司法、工商税务等联合惩戒机制,营造"一处失信、处处受制"的信用环境,提高失信者的交易成本,加大惩戒力度,直至依法追究失信者的民事责任。

(二)完善数据库体系建设,提升数据处理能力

(1)建立并完善信贷业务全流程的大数据信息采集规则,尤其是规定各环节真实连续反映借款人信息的采集规范要求和内容,并通过整合现有各业务系统数据,将相关数据信息通过大数据技术归集到大数据库。

(2)按信贷业务的采集规则,通过整合内外部数据源,对运营管理程序中的各参数进行整合、优化设计,加强数据标准、数据质量管控建设,铺设连接各类资源交易权威网站的接口等。

(3)通过大数据库搜索引擎功能,根据信息采集规则,利用信贷审批业务专项数据库,挖掘分析该信贷业务的关键风险点、违约概率、风险防控主要措施等数据信息,提高审批人识别贷款风险的前瞻性。

（4）提升数据处理能力。数据库建成后，银行可依据管理决策需求，充分挖掘自有信息数据并积极对接互联网交易、征信、财务流水等多维度客户信息平台，用于组建信用贷款审批模型和贷后管理预警机制，实现信用审批和贷后管理效率的同步提升。

（5）进一步优化信贷评级模型。通过运用大数据技术，有效识别数据的真伪与关联度。如根据交叉验证结果，通过经验判别法来识别是否存在问题数据；通过数据清洗，减少对运算结果产生影响的低质量数据。同时，对数据进行适当的调整，努力还原数据的真实面貌，建立覆盖多个领域的大数据建设标准，从授信用信、风险缓释、风险定价、资本配置、绩效考核方面，进一步优化信贷评级模型。

（三）强化数据价值挖掘能力，实现数据价值最大化

（1）深入挖掘内部数据源信贷风险管理价值。通过大数据挖掘，分析客户静态财务数据与客户动态行为，量化用户违约概率，动态调整组合层面的信贷增量配置。通过与大数据关键技术结合的组合算法模型，精准地识别出风险客户，深入地挖掘出优质客户，解析出影响客户类型的关键要素，从传统的"经验决策"转向"数据决策"的风险精细化管理。如建立以风险调整后经济资本回报率（RAROC）为核心的信贷资产组合管理模型，实现精准贷款定价决策。

（2）借鉴大数据相关关系提升信贷审批前瞻性。利用大数据关联关系和数理逻辑思维，依照事由到行为再到结果的次序，深入挖掘影响信贷资产质量的主要工序与关键环节，并基于大数据技术的决策模型实现系统自动审批，同时通过批量计算客户风险分值的方式，及时预警客户风险，提高决策效率和准确性。

（四）搭建适应大数据的数据管理体系，实现全方位的风险监测预警

（1）搭建适应大数据的数据管理体系。围绕信用评级、授信审批、贷后监控等信贷管理的关键环节，将信息收集范围覆盖到对借款人本身、财务管理、上下游关联企业及其往来、核心管理层行为偏好等信贷管理相关的数据来源和数据分析维度；扩大相关数据广度，采用信息数据检索比对及其相关性分析、非结构化与结构化数据的耦合信息印证分析，揭示出灵活、高效、多方位映射贷款风险参数变化的规律性，形成数据模型，进而有效利用模型工具进行预测和防范风险，大大提高信贷管理效率。

（2）监测分析挖掘，实现全方位的风险监测预警。如建立多元化数据获取渠道，注重利用社交媒体数据、网络工具等各种运作载体，并从中融入银行的工作目标。通过实时、动态监控，及早发现和识别风险来源、范围和程度，及时发出风险警示信号；提升大数据处理与分析技术水平，加强大数据平台的投资建设，加强风险建模；结合借款

人的历史数据进行全局性实时分析,评估借款人行为,对借款人的信用风险等级适时进行动态修正,提高授信客户精细化管理水平。

(五) 加强人才队伍建设,营造良好的人才环境

大数据时代的数据挖掘是一个系统工程,须建立跨部门的专业团队,把数据仓库和数据挖掘变成现实的生产力。

(1) 加快组织机构调整。由具备数理建模和数据挖掘技能的电脑工程师、数据分析师,具备对大数据理解与应用能力的专业人员共同组成复合型的大数据专业团队,为数据挖掘奠定组织基础。

(2) 提升大数据技术处理能力。加快大数据专业人才队伍建设,招聘、培养掌握数据建模、云计算、金融经济等技能的复合型人才,为大数据时代的信贷业务提供强有力的人才保障。

(3) 加强与大型互联网企业的合作。积极借鉴阿里巴巴、腾讯等互联网企业的先进经验,打造直销银行等零售新模式;加强与国内外如 IBM、SAS 等顶级大数据服务商的合作,构建大数据应用联合实验室,并建立富有成效的激励管理机制,促进大数据向价值资产转换。

(4) 加强与监管机构协调配合,借助各监管部门的力量,努力提高大数据的安全管理水平,研发大数据风险防范技术;学习国外欺诈警示、网络安全漏洞评估等技术,开发加密技术、网络脆弱性评估工具、信息系统风险评估工具等支撑大数据应用的信息安全产品。

第七章　供应链金融风险控制

本章主要内容

　　供应链金融的概念、构成;金融科技在供应链金融场景下的运用;供应链金融风险控制。

本章应掌握的主要技能

　　了解金融科技赋能下供应链金融的工作模式;掌握供应链金融面临的主要风险,对其存在的风险有一定的风险控制能力和方法。

第一节　供应链金融概述

一、供应链金融的概念

　　随着社会生产方式的不断发展,市场竞争已经从单一的客户之间的竞争转变为供应链与供应链之间的竞争,同一供应链内部各方相互依存,"一荣俱荣,一损俱损";与此同时,赊销已成为交易的主流方式,处于供应链上游的供应商很难获得供应链金融机构的信贷融资资金支持,而资金短缺又会造成后续环节的停滞,甚至出现"断链"。维护所在供应链的生存,提高供应链的资金运转效率,降低供应链的整体管理成本,已经成为各方积极探索的重要课题,因此,供应链融资系列金融产品应运而生。

　　供应链金融是指金融机构围绕核心企业,管理上下游供应链中的中小企业的资金流、信息流和物流,并把单个企业的不可控风险转变为供应链企业整体的可控风险,通过立体获取各类信息,将风险控制在最低的金融服务。

　　供应链金融解决方案的主要当事方核心企业、金融机构、网络化电子交易平台对供应链金融可以有不同的理解。

　　(1) 供应链核心企业的视角。供应链金融是一种在核心企业主导的企业生态圈中,对资金的可行性和成本进行系统性优化的过程。这种优化主要是通过对供应链内的信息流进行归集、整合、打包和利用的过程,嵌入成本分析、成本管理和各类融资手段而实现的。

（2）金融机构的视角。供应链金融是金融机构通过审查整条供应链,基于对供应链管理程度和核心企业的信用实力的掌控,对其核心企业和上下游多个企业提供灵活运用的金融产品和服务的一种融资模式;从供应链融资的功能角度看,供应链金融就是将资金流整合到供应链管理中来,既为供应链各个环节的企业提供商业贸易资金服务,又为供应链弱势企业提供新型融资服务的创新模式;从融资的功能指向角度看,供应链金融是通过对供应链成员间的信息流、资金流、物流的有效整合,运用各种金融产品向供应链中所有企业（尤其是中小企业）提供的组织和调节供应链运作过程中货币资金的运作,从而提高资金运行效率的一种新型融资模式。

（3）电子交易平台服务商的视角。供应链金融的核心就是关注嵌入供应链的融资和结算成本,并构造出对供应链成本流程的优化方案。而供应链融资的解决方案,就是由提供贸易融资的金融机构、核心企业自身以及将贸易双方和金融机构之间的信息有效连接的技术平台提供商组合而成。技术平台的作用是实时提供供应链活动中能够触发融资的信息按钮,例如订单的签发、按进度进行的阶段性付款、供应商管理库存的入库、存货的变动、制定货代收据的传递、买方确认发票项下的付款责任等。

二、供应链金融的构成

金融是指人们围绕货币、资金和资本资产所从事的定价与市场交易活动。完整的金融体系包括金融产品、金融市场、金融主体和金融制度。对于供应链金融而言,这几个要素有其特殊之处。

（1）从广义上讲,供应链金融是对供应链金融资源的整合,它是由供应链中特定的金融组织者为供应链资金管理提供的一整套解决方案。静态层次上,它包含了供应链中参与方直接的各种错综复杂的资金关系。动态层次上,即由特定的金融机构或其他供应链管理的参与者（如第三方物流企业、核心企业）充当组织者,为特定供应链的特定环节或全链条提供定制化的财务管理解决服务。供应链金融服务通过整合信息、资金和物流等资源,来达到提高资金使用效率并为各方创造价值、降低风险的目的。

（2）从具体产品来看,它主要是由金融机构提供的信贷类产品。其中包括对供应商的信贷产品,如存货质押贷款、应收账款质押贷款、保理等;也包括对分销商的信贷产品,如仓单融资、原材料质押融资、预付款融资等。此外,除了资金的融通,金融机构还提供财务管理咨询、现金管理、应收账款清收、结算、资信审查等中间增值服务,以及直接为核心企业的系列资产、负债和中间业务提供服务。因此,供应链金融的范畴大于供应链融资或供应链授信。

（3）从供应链融资市场来看,它基本上属于短期的货币(资金)市场,尽管供应链金融有着特异化的风险控制技术、自成体系的产品以及特别的盈利模式,但是从融资用途和期限的角度看,它基本上可以被归类为广义的短期流动资金授信范畴。

（4）从供应链金融体系的参与主体来看,它大致包括以下四类主体:①资金的需求主体,即供应链上的节点企业;②资金的供给及支付结算服务的提供主体,主要是以商业供应链金融机构为代表的金融机构;③供应链金融业务的支持机构,包括物流监管公司、仓储公司、担保物权登记机构、保险公司等;④监管机构,在国内指各级银保监监管部门。

（5）从供应链金融制度环境来看,它涉及两个方面的内容:①相关法律法规,例如动产担保物权的范围规定、设定程序、受偿的优先顺序、物权实现等的相关法律,以及监管部门的业务监管相关制度;②技术环境,主要包括与产品设计相关的金融技术和信息技术。

第二节　金融科技在供应链金融场景下的运用

一、互联网＋供应链金融电子交易系统

《国务院办公厅关于积极推进供应链创新与应用的指导意见》(国办发〔2017〕84号)提出:供应链是以客户需求为导向,以提高质量和效率为目标,以整合资源为手段,实现产品设计、采购、生产、销售、服务等全过程高效协同的组织形态。随着信息技术的发展,供应链已发展到与互联网、物联网深度融合的智慧供应链新阶段。

互联网技术的发展为供应链在线融资提供了媒介作用,提升了业务受理的效率,减少了业务空间地域限制,一键融资成为了可能,业务场景实现可视化。得益于互联网的开放、透明、信息传播快的特点,由供应链金融机构主导的传统金融将变成全民参与的普惠金融。通过技术手段对接供应链的上下游及各参与方,其中包括核心企业、上下游中小企业、供应链金融机构等资金提供方、物流服务商等,将供应链中的商流、物流、资金流、信息流在线化,实时掌握供应链中企业经营情况从而控制融资贷款的风险。其中具有代表性的模式有以下8种。

（一）基于 B2B 电商平台的供应链金融

国内电商门户网站，特别是 B2B 电商交易平台如上海钢联、找钢网等，都在瞄准供应链金融，往金融化方向挺进。

找钢网在 2015 年上线胖猫物流及以"胖猫白条"打头的金融服务。"胖猫白条"针对优质采购商提供的"先提货，后付款"的合作模式，意味着找钢网在供应链金融方面迈出了实质性一步。截至 2019 年，找钢网已经积累了接近 4 年的客户交易数据，垂直的数据风控能力是找钢网做供应链金融的优势。

（二）基于 B2C 电商平台的供应链金融

B2C 电商平台，如淘宝、天猫、京东、苏宁、唯品会等，都沉淀了商家的基本信息和历史信息等优质精准数据，这些大数据是向信用良好的商家提供供应链金融服务的依据。

近年来，京东频频加码互联网金融，供应链金融是其金融业务的根基。京东通过差异化定位及自建物流体系等战略，经过多年积累和沉淀，已形成一套以大数据驱动的京东供应链体系，涉及从销量预测、产品预测、库存健康、供应商罗盘到智慧选品和智慧定价等的各个环节。京东供应链金融利用大数据体系和供应链优势在交易各个环节为供应商提供贷款服务，具体可以分为 6 种类型：采购订单融资、入库环节的入库单融资、结算前的应收账款融资、委托贷款模式、京保贝模式、京小贷模式。京东有非常优质的上游的供应商、下游的个人消费者、精准的大数据，京东的供应链金融业务水到渠成。

（三）基于支付的供应链金融

只想做支付的支付公司不是好公司。支付宝、快钱、财付通、易宝支付、东方支付等均通过支付切入供应链金融领域。不同于支付宝和财付通 C 端的账户战略，快钱等支付公司深耕 B 端市场。

2009 年开始，快钱开始探索供应链融资，2011 年快钱正式将公司定位为"支付＋金融"的业务扩展模式，全面推广供应链金融服务。如快钱与联想签署的合作协议，帮助联想整合其上游上万家经销商的电子收付款、应收应付账款等相应信息，将供应链上下游真实的贸易背景作为融资的基本条件，形成一套流动资金管理解决方案，打包销售给供应链金融机构，然后供应链金融机构根据包括应收账款等信息批量为上下游的中小企业提供授信。

（四）基于 ERP 系统的供应链金融

传统的 ERP 管理软件等数据 IT 服务商，如用友、畅捷通平台、金蝶、鼎捷软件、久恒星资金管理平台、南北软件、富通天下、管家婆等，通过多年积累沉淀了商家信息、商品信息、会员信息、交易信息等数据,基于这些数据构建起一个供应链生态圈。如老牌财务管理 ERP 企业用友网络,互联网金融是公司三大战略之一。数千家使用其 ERP 系统的中小微企业,都是其供应链金融业务平台上参与的一员。汉得信息与用友的模式略有不同,汉得的客户均是大型企业,而其提供供应链金融服务的对象,将会是其核心客户的上下游。

(五) 基于一站式供应链管理平台的供应链金融

一些综合性第三方平台集合了商务、物流、结算、资金的一站式供应链管理,如国内上市企业的怡亚通、一号链、汇通达、外贸综合服务平台——阿里巴巴一达通等,这些平台对供应链全过程的信息有充分的掌握,包括物流掌握、存货控制等,已经成为一个强大的数据平台。

国内上市企业怡亚通,创立于 1997 年,是一家一站式供应链管理服务平台,其推出"两天两地一平台"战略:"两天网"是指两大互联网平台(宇商网十和乐网);"两地网"即怡亚通打造的两大渠道下沉供应链平台("380"深度分销平台与和乐生活连锁加盟超市);"一平台"即怡亚通打造的物流主干网(B2B+B2C 物流平台)。怡亚通纵向整合供应链管理各个环节,形成一站式供应链管理服务平台,并通过采购与分销职能,为物流客户提供类似于供应链金融机构存货融资的资金代付服务,赚取"息差"收入;同时,针对需要外汇结算的业务开展金融衍生交易,在人民币升值背景下赚取了巨额收入。在一站式供应链管理服务的产业基础上开展金融业务的模式,是其盈利的重要来源之一。

(六) 基于 SaaS 模式的行业解决方案的供应链金融

细分行业的信息管理系统服务提供商,通过 SaaS 平台的数据信息来开展供应链金融业务,如国内零售行业的富基标商、合力中税;进销存管理的金蝶智慧记、平安供应链金融机构橙 e 网生意管家、物流行业的宁波大掌柜、深圳的易流 e-TMS 等。

生意管家是国内首个免费的 SaaS 模式供应链协同云平台,是平安橙 e 网的核心产品。橙 e 平台将平安供应链金融机构供应链金融传统优势推向更纵深的全链条、在线融资服务。"更纵深的全链条"是指把主要服务于大型核心企业的上下游紧密合作层的供应链融资,纵深贯通到上游供应商的上游、下游分销商的下游。"在线融资"是指橙 e 平台为供应链融资的各相关方提供一个电子化作业平台,使客户的融资、保险、物流监管等作业全程在线。

(七) 基于大型商贸交易园区与物流园区的供应链金融

大型商贸园区依托于其海量的商户,并以他们的交易数据、物流数据作为基础数据,这样的贸易园区有很多,如深圳华强北电子交易市场、义乌小商品交易城、临沂商贸物流城、海宁皮革城等。

浙江的"块状经济"历来发达,"永康五金之都""海宁皮革城""绍兴纺织品市场""嘉善木材市场"等都是知名的块状产业聚集区。而这些产业集群的特征是,其上下游小微企业普遍缺乏抵押物,但却具有完整的上下游供应链。在这样的背景下,银货通在"存货"中发现了信用,首创存货质押金融,是国内首家基于智能物流、供应链管理的存货金融网络服务平台。同时,其相继推出了"货易融""融易管""信义仓"三大服务系统。截至目前,银货通通过存货质押,实际实现融资超 10 亿元,管理仓储面积超 10 万平方米,监管质押存货价值 25 亿元。

(八) 基于大型物流企业的供应链金融

物流占据了整个商品交易过程中重要的交付环节,连接了供应链的上下游。它们基于物流服务环节及物流生产环节在供应链上进行金融服务。国内大型快递公司及物流公司,快递公司如顺丰、申通、圆通、中通、百世汇通等,物流公司如德邦、华宇、安能等均通过海量客户收发物流信息进行供应链金融服务。

2015 年 3 月底,顺丰全面开放全国上百个仓库为电商商家提供分仓备货,同时推出顺丰仓储融资服务。优质电商商家如果提前备货至顺丰仓库,不仅可以实现就近发货,还可凭入库的货品拿到贷款。顺丰具备庞大的物流配送网络、密集的仓储服务网点及新兴的金融贷款业务,三点连结形成完整的物流服务闭环。除仓储融资外,顺丰金融供应链产品还有基于应收账款的保理融资,基于客户经营条件与合约的订单融资和基于客户信用的顺小贷等。

二、电子签章及存证

电子签章是采用一系列国家认可的专业技术,实现电子合同签署过程中"签署主体身份真实有效＋签署时间客观真实＋合同传输及保管不可窜改",确保在平台上签署的合同,具有与纸质合同同等的法律证据效力。

电子存证是指投资者的每一份电子合同都将被提供签名服务并存档出证,将电子合同统一存储在第三方服务平台,是一种法律保护服务。

供应链金融引入电子签章技术,将有助于完成交易全流程、资金及资产两端的电子签约、存证全覆盖,大大提高签约效率。电子存证还可以将第三方证据与司法鉴定无缝对接,从而为用户提供电子数据前期规范取证、中期存证以及后期便捷出证等完善的法律保障。

三、区块链

信用是金融的核心，多参与主体间信用的高效传递是供应链金融的关键要点。实体经济发展中所面临的中小企业融资难、融资贵的问题，其关键突破点在于打通信用流转，以更好地盘活资产。供应链中往往有多层供应、销售关系，但在供应链金融中，核心企业的信用往往只能覆盖到直接与其有贸易往来的一级供应商和一级经销商，无法传递到更需要金融服务的上下游两端的中小企业。区块链平台的搭建，能够打通各层之间的交易关系，从而实现对与核心企业没有直接交易远端企业的信用传递，将其纳入供应链金融的服务范畴。

四、大数据智能风控

大数据智能风控主要针对金融领域公开数据提供垂直深度搜索和智能分析引擎，实现从资料库到知识库的直接转换，联结信息碎片，发现隐含模式。特别是将各种电商、物联、物流、工业信息化等场景中的业务，深入所积累的企业动态运营数据，通过数据的采集、清洗、整理、风控智能建模等手段，最终为供应链金融的信用风险识别、评估、决策提供支持。

第三节 供应链金融风险控制

一、风险控制的基本框架

供应链金融信贷业务具有与传统信贷业务不同的风险特征，所以在对其进行风险控制时，需要创建独立的风险控制体系。把供应链金融业务的风险控制系统独立出来，可以使风险控制系统的整体运行更有效率。不采用传统的财务指标来约束供应链金融信贷业务的发展，引入新的企业背景与交易实质共同作为评判因素的风险控制系统。

（一）风险控制的主要对象

供应链金融的发展与壮大是因为这种全新的产融结合模式解决了传统供应链中参与主体的痛点。面向供应链中小企业成员的授信，是供应链金融开展的最重要的业务结合点。对于中小企业来说，供应链金融模式为全球激烈竞争环境中处于资金支持弱势、降低成本能力弱势、风险控制弱势的中小型企业提供了低成本的融资平台与高效率的运营平台。

随着供应链金融的发展,物流、信息流、资金流与商流将四流合一,供应链整体的资本结构、资本成本、资金流转周期改善的问题都将有一个整体解决方案,尤其是面向供应链中小企业的特征,有针对性地创新风险控制的关键技术将大大提高供应链金融服务的效率和效益。

(二)风险控制原则

1. 业务闭合化

企业的供应链运营从头到尾实质上是价值的设计、生产、传递和实现,开展供应链金融业务就要让这些环节形成一个环环相扣的整体,要对融资的核心业务以及融资相关的其他业务进行掌控。例如海尔旗下的日日顺物流跟商业供应链金融机构合作,供应链金融机构通过日日顺向海尔的经销商提供融资的时候,不仅要预测经销商本身的销售、采购和贷款,还要把控经销商的物流管理、实际销售和支付结算等环节。因此供应链金融业务本质上应该是企业供应链运营的一部分,风险控制方和平台提供方要能全面地组织和协调跟融资相关的供应链运营业务,做到首尾相顾,压缩机会主义行为产生的空间。

2. 管理垂直化

管理垂直化可以从两个方面来理解,一是供应链企业间的管理,主要体现在机构的设计上;二是供应链企业内部的管理,体现在职能的设置上。

(1)企业间的管理,业务审批和业务操作不能是同一个企业,要各自分离、相互制约,这是为了防止企业盲目扩大,业务消化不了。还有就是交易运作和物流监管不能是同一个企业,不能既当运动员又当裁判员,要防止企业监守自盗。

(2)企业内的管理,要让金融业务的开发部门、操作部门和巡查部门三权分立,三个部门要目标一致、相互制约,协同发展。还有就是对供应链融资业务实行公司与总部的二级评审,由公司对具体项目进行评审,包括项目的合法性、可操作性和具体风控措施等。总部层面要根据企业的整体战略考虑融资业务以及对利益相关者的影响等。

企业间和企业内的相互制约、目标一致时,业务流程才能顺畅,才会抑制机会主义行为的出现。

3. 收入自偿化

如果是一般的贷款,金融机构主要通过企业的财务实力、规模、担保、负债率、现金流等指标来推算还款能力。即便是如此苛刻的审核指标，还有推算不准的可能，因为并没有控制还款来源。

供应链金融的收入自偿化就是供应链金融业务与供应链运营的流程相契合，以确定的未来收益作为直接还款来源，做到专款专用、专款专还。例如在动产质押融资中，融资周期和融资额主要取决于质押物的保值时间和在保值时间内的价值。在反向保理中，融资周期和融资额主要取决于下游企业的赊销期限和应付货款的金额。通过动产质押、单据控制、个人连带责任等方式在融资之前先确定还款来源，不给机会主义行为发生的机会。

4. 交易信息化

信息技术大大提高了生产效率，进一步促进了产业分工。开展供应链金融业务依赖信息治理，一方面表现在企业内部跨职能沟通。例如销售部门是否及时提供执行反馈；会计部门能否及时提供资金核算信息；生产部门能否及时提供生产运行情况；物流管理部门是否及时提供发货、仓储信息等。另一方面表现在上下游间的相互协同。例如焦点企业和配套企业能不能及时交换信息；供应链金融机构跟监管企业能不能及时沟通；供应链金融机构跟焦点企业能不能有效进行信息对接等。

当前信息技术的发展日新月异，利用物联网、大数据、云计算、区块链等信息技术对开展供应链金融业务的各个环节都大有裨益，可以帮助平台提供方和风险控制方控制风险。

5. 风险结构化

结构化是指在开展供应链金融业务时合理地设计业务结构，采取各种有效手段来化解风险。因此这种风险结构化一般考虑四个要素。

（1）保险。可以对供应链融资各个流程的高风险环节投保，还可以对质押物的仓储、运输等环节投保。

（2）担保。虽说供应链金融一定程度上是要克服中小企业缺少担保主体的弊端，但如果融资企业有合适的主体为它担保，也不失为一个分散风险的好方法。

（3）协议。在有益于切实开展业务的基础上，本着公开、公平、公正的原则签订协议，这个协议最大的价值在于企业的声誉资产。

（4）准备金。这是借鉴期货市场的准备金制度，对一些高风险的业务环节设定一定比例的风险准备金。

这四个要素是风险结构化的一些惯用方法，其实就是形成风险对冲，减少机会主义行为带来的损失。

（三）风险控制流程

1. 风险识别

风险识别是风险控制工作的第一步，也是风险控制的基础。在这个过程中，供应链金融机构对可能带来风险的因素进行判断和分类。这部分做法和传统信贷业务基本一致，但识别风险时，要注意与传统业务风险种类的区别。

2. 风险度量

风险度量则是运用定量分析的方法分析与评估风险事件的发生概率。传统信贷业务有开展多年积累的数据基础，各机构都有完备的数据库，量化分析时有比较成熟的模型。而供应链金融业务是一个比较新的金融服务领域，数据积累少，且客户群中小企业较多，所以目前并不具备量化模型评估的条件。这就要求供应链金融机构在供应链金融业务风险度量时注意数据的积累，逐步推进风险量化与模型构建。

3. 风险控制

风险控制指供应链金融机构采取相应措施将分析结果中的风险控制在一定范围之内。

通常意义上，供应链金融机构对风险可采取的措施包括风险回避、风险防范、风险抑制、风险转移和风险保险等。在我国供应链金融业务中，风险转移和保险还很不普遍，风险防范和风险控制主要通过操作控制来完成，因此风险控制在此业务风险控制中是很重要的步骤。

二、信用风险控制

（一）核心企业信用风险

在供应链金融中，核心企业掌握了供应链的核心价值，担当了整合供应链物流、信息流和资金流的关键角色。供应链金融机构正是基于核心企业的综合实力、信用增级及其对供应链的整体管理程度，对上下游中小企业开展授信业务（商业供应链金融机构向非金融机构客户直接提供资金，或者对客户在有关经济活动中可能产生的赔偿、支付责任作出保证）。

核心企业经营状况和发展前景决定了上下游企业的生存状况和交易质量。一旦核心企业信用出现问题，危机必然会随着供应链条扩散到上下游企业，影响到供应链金融的整体安全。一方面，核心企业能否承担起对整个供应链金融的担保作用是一个问题，核心企业可能因信用捆绑累积的或有负债超过其承受极限，从而导致供应链合作伙伴之间出现整体兑付危机。另一方面，当核心企业在行业中的地位发生重大不利变化时，核心企业可能变相隐瞒交易各方的经营信息，甚至出现有计划的串谋融资，利用其强势地位要求并组织上下游合作方向商业供应链金融机构取得融资授信，再用于体外循环，致使供应链金融机构面临巨大的恶意信贷（以偿还和付息为条件的价值运动形式，通常包括供应链金融机构存款、贷款等信用活动，狭义上仅指供应链金融机构贷款）风险。

（二）上下游企业信用风险

虽然供应链金融通过引用多重信用支持技术降低了信息不对称和信贷风险，通过设计机理弱化了上下游中小企业自身的信用风险。但作为直接承贷主体的中小企业，其公司治理结构不健全、制度不完善、技术力量薄弱、资产规模小、人员更替频繁、生产经营不稳定、抗风险能力弱等问题仍然存在，特别是中小企业经营行为不规范、经营透明度差、财务报表缺乏可信度、守信约束力不强等现实问题仍然难以解决。与此同时，在供应链背景下，中小企业的信用风险已发生根本改变，不仅受自身风险因素的影响，而且还受供应链整体运营绩效、上下游企业合作状况、业务交易情况等各种因素的综合影响，任何一种因素都有可能导致企业出现信用风险。

三、操作风险控制

操作风险主要源于内部控制及组织治理机制的失效。因为贷后管理是供应链金融信贷业务中重要的一步，所以发生操作风险的概率比传统业务要高，这就要求供应链金融机构成立专门部门负责贷后跟踪与对质押物的管理。质押物管理环节多由物流公司或仓储公司负责，机构要加强与这些企业的联系，注意对其资格的审查，并且随时进行抽查。具体地说，就是要督促物流企业不断提高仓库管理水平和仓管信息化水平，并制订完善的办理质物入库、发货的风险控制方案，加强对质物的监管能力；有针对性地制定严格的操作规范和监管程序，杜绝因内部管理漏洞和不规范而产生的风险。

四、法律风险控制

供应链金融业务涉及多方主体，质物的所有权在各主体间进行流动，很可能产生所有权纠纷。加之该业务开展时间较短，目前还没有相关的法律条款可以遵循，也没有行业性指导文件可以依据，因此，在业务开展过程中，各方主体应尽可能地完善相关的法律合同文本，明确各方的权利义务，将法律风险降到最低。

由于动产的流动性强以及我国法律对抵质押担保生效条件的规定，供应链机构在抵质押物的物流跟踪、仓储监管、抵质押手续办理、价格监控乃至变现清偿等方面都面临着巨大挑战,这一矛盾曾一度限制了供应链金融机构此类业务的开展。因此,在尽量避免损害"物"的流动性的前提下,对流动性的"物"实施有效监控将是供应链金融服务设计的核心思想。

第三方物流企业在动产抵质押物监管及价值保全、资产变现、和货运代理等方面具备优势,除对贷款后的抵质押物提供全面的监管服务外,还将为金融机构提供一系列面向提高抵质押物的授信担保效率的增值服务,包括对授信对象所在行业的发展前景及抵质押物的价格走势分析、对抵质押物的价值评估、对不良资产项下抵质押物的处置变现等。这些专业化的服务有利于降低供应链金融机构抵质押担保授信业务的交易成本,为机构的供应链金融服务提供风险防火墙,扩大了授信范围,也为供应链节点企业提供了更加便捷的融资机会。

五、其他风险控制手段

(一) 逐步构建完善的供应链金融风险评估模型

在发展供应链金融业务的同时,要重视信用评级系统数据库中数据的逐步积累。当今供应链金融机构风险控制的发展趋势是数量化、模型化,供应链金融作为一项新的信贷业务,风险评估模型更是不可或缺,而构建完善模型的基础就是代表性数据的收集。所以,供应链金融机构要注意投入物力、人力开发供应链金融风险的评估模型,使此业务今后的风险控制成本减少、更有效率。

(二) 组建专业的供应链融资操作队伍

开展供应链金融业务不仅需要掌握传统融资的方法与技巧,更需要具备创新型融资的知识与技能,以及深层次的从业经验。从事供应链融资,需要有对产品特性的深入了解,也需要有卓越的风险分析能力与交易控管能力,以使供应链金融机构能够掌控供应链金融业务风险。

第四节   金融科技在供应链金融控制中的创新

信息科技的进步为供应链金融的业务拓展、风险识别及管控等提供了全新的思路和方法——通过在线交易平台可以实现融资业务及基础交易的全流程掌控;通过物联网技术可以安全高效地管控货权,并能带动押品范围的扩大;通过运营业务场景中企业动态供产销信息、资金流信息、物流信息等动态数据收集为风控实现可视、可控、可感。

一、基于交易场景设计方便高效的供应链金融产品

互联网产品设计的关键在于产品与场景的融合，即将各类产品嵌入具体的应用场景中去，从用户体验角度出发，考虑其在特定场景下产生的特定需求，根据这一需求提供产品。近年来各家金融机构也开始引入这种"场景化"的产品设计理念，在互联网、尤其是移动互联网领域推出了许多创新产品，取得了良好的市场效果。

从原理上说，供应链金融是对公产品中最适合"互联网化""场景化"改造的一个分支，因为其本身就服务于产业链上下游之间高频次、多主体的交易，它的流程相对简单，层级少、效率高、创新快，准入门槛也低于一般公司授信产品，相对更适合嵌入互联网平台中的交易场景。改造后的供应链金融产品将拥有更好的用户体验，与平台绑定后，能在交易场景针对核心目标客户直接展示产品要素，这将为商业供应链金融机构拓客展业提供低成本、高效率的途径。

二、全面掌握交易流程

在平台中进行的交易，其流程、步骤均由平台统一规范，标准化程度较高，供应链金融服务机构通过自建平台或与平台合作，可以获取与融资相关基础交易的全部信息，并提出风控要求，改进交易结构和流程。借助交易平台，金融机构可以在线完成基础交易验证、资金及物流监管、销售回款归集等多项工作，全面掌握交易流程，在有效控制风险的同时还能极大地提升业务效率。

核心企业在交易平台上向供应商采购货物，双方签署合同后，核心企业划转预付款至供应商账户，供应商收款后发货，并将物流信息上传至交易平台，其后向供应链金融机构申请一笔保理业务。供应链金融机构放款前，应当确认该笔应收账款真实存在，这在传统业务流程中需要供应链金融机构客户经理取得相关合同、单据，并由核心企业当面签章确认。但在交易平台上则不同，核心企业与供应商的购销行为在平台内部留存了完整的交易信息，供应链金融机构从平台调取相关数据后，再辅以账户资金监控和物流监控，足以确认应收账款的真实性。供应链金融机构在保理放款后，也能够在线通知核心企业应收账款转让事宜，并在交易平台内部更改后续货款支付路径，确保到期还款。同时，供应链金融机构还可获取交易各方的历史交易记录，作为主体评级授信的重要参考。

三、强化物权管控

供应链金融是供应链金融机构对产业链每一主体之间交易行为的全方位金融支持，为保证交易完成和资金安全，必须强调货权管控。尤其是动产质押、仓单质押等多个信贷产品，货物在用于交易的同时还成为了第二还款来源，这对管货的要求就更高了。

物联网技术兴起前，商业供应链金融机构在货权管控方面只有一些传统招数——单据审核、委托第三方监管、现场盘库等，老方法应对新形势，问题和风险都很多，例如第三方监管机构不尽职导致货物丢失，客户动产重复质押导致供应链金融机构失去担保物等。供应链金融机构为此付出了惨重的代价，许多机构也失去了开办存货类融资业务的动力，存货融资市场逐渐萎缩，这导致中小企业失去了一项重要的融资来源，供应链金融机构、物流企业、仓储监管企业也都少了一块重要的收入来源，可以说是一个各方皆输的结果。物联网技术的兴起为解决这些问题提供了新的方案。

物联网技术是指通过射频识别系统（RFID）、红外感应系统、全球定位系统（GPS）、激光扫描仪等信息传感设备，按约定的协议把物品与互联网连接起来，形成一个物品与物品相互连接的分布式网络，从而实现智能化物品识别、物品定位、物品跟踪、物品监控和管理。

随着长距离无线通信、无线射频、传感器等技术的快速发展，物联网技术逐步具备了多场景灵活架设的应用基础。商业供应链金融机构可以通过物联网技术来强化供应链金融业务的货权管控。

四、提高担保物监管的安全性

通过在单位物品上安置或印刷射频识别标签，并在存储场所架设传感器、分布式接入网络和监控系统，供应链金融机构可自定义各项监管指标和报警条件，以此实现低人力占用条件下更安全的担保物监管。

通过读取物品标签内的信息，任何人均可了解货物的当前权属状态，通过公示物权来避免重复担保；在仓储监管场所的立体空间边缘部署识别装置，一旦货物非正常移出，则立即报警并通知债权人；也可为货物标签添加防盗功能，一旦标签本体遭到破坏、修改、移除标签则启动报警程序；同时配合传感器技术，可实现一旦货物发生损坏、变质等物理状态及化学性状的改变，均能触发相应程序，帮助债权人和仓储监管方维持货物完好。

五、优化货权管理效率

在没有物联网技术前,商业供应链金融机构需要派出客户经理或专门的贷后管理人员定期前往客户仓库盘点库存,或者付出高昂的成本委托第三方机构反复检查核对,耗费大量的人力、财力,操作也很烦琐。但是通过物联网技术,商业供应链金融机构就可以轻易实现"远程盘库",通过电脑、手机等终端实时查询货物位置、存储状态、交易历史,下载各项统计报表,还可通过摄像头观看实地情况,这为各岗位人员方便、快捷地获取可靠信息提供了极大帮助,可以有效提升贷前调查、贷中审查和贷后管理各个环节的工作效率。

六、全面增强风险识别及处理能力

通过物联网传感技术,供应链金融机构可以精准掌握货物性质、状态、编号代码等信息,如果能将这些信息与记录商品交易情况的数据库连接起来,通过逐一比对,实现对在押货物市场价格、销量、供求关系的智能监控,并能向核心信贷系统实时反馈,这将为商业供应链金融机构管理信用风险提供极大帮助。

(1)供应链金融机构可以改变贷后管理人员手工重估押品价值的低效方式,依靠计算机实时监控抵质押率变化情况,使得押品价值不足的风险能够及时暴露,之后就可以通过提示客户补货、追加保证金或提前还款等方式来缓释风险。

(2)通过对货物供销数据的深入分析,供应链金融机构在信贷违约发生、需要处置押品时有了更明确的方向和价格标准,提高了贷款清收效率。

(3)在货物安全性得到保障、价格波动能够及时有效监控的前提下,供应链金融机构完全可以扩大押品范围,不再局限于传统的不动产、大宗商品等易于管理的财产,还能把日用消费品、电子产品、农副产品等传统技术手段下难以管理的货物都纳入供应链金融的业务范畴,匹配短期限、可循环、放款还款便捷高效的融资产品,用物联网技术和大数据处理方法来实现智能化的风险识别和监控,并依托大型交易平台批量拓展业务,这必将成为供应链金融未来发展的重要领域。

第八章 P2P 风险控制

本章主要内容

P2P 概念、业务类型；P2P 不同业务类型的原理及风险控制点；P2P 行业的主要风险；P2P 平台对借款人的风险识别及防控方法；P2P 投资者的风险及防范。

本章应掌握的主要技能

了解 P2P 的工作特征，能站在平台和投资者的角度对其存在的风险有一定的识别能力，能提出具体的风险控制方法和防范措施。

第一节 P2P 概述

一、P2P 的概念

P2P 的概念在第三章第三节中已经有所介绍。在发展数年后，P2P 出现了巨大的问题。但是，P2P 作为一种技术本身是无罪的，所以我们还是要深入了解它。

P2P 有三个角色：资金端、资产端和平台。

1. 资金与资产的区别

资金，一般指货币资金，例如你把钱投资给了平台，这个钱对于网贷平台来说，就属于他们的资金端。资产，在广义上也包括资金，例如平台将投资人（也就是出借人）的资金出借给了某个个人借款人，这个借出去的资金就变成了平台的债权资产。

2. P2P 平台的"标的资产"过程

某人因为资金紧张，向某网贷平台提交资料，申请额度 1 万元、期限 6 个月的消费分期贷款，平台给出的利息是年化 26%。通过风控的审核，平台认为这个借款用户资质良好，于是决定接受他的贷款申请，并准备将其贷款需求包装成可以购买的"标的"产品发布出来。

最后,网贷平台减去运营推广费用、资金托管费用、支付费用、坏账计提等一系列成本支出后,将标的收益设置为年化12%,期限设置为6个月,并把标的发布到了官网和手机 App 上。此时,一个可以购买的"债权标的"诞生了。

3. P2P 的问题与合规

真正的 P2P,拥有真实合法的资产端。近年,网贷行业出现了不少问题平台,投资人非常担心自己投资的钱收不回来。为夺人眼球,更有自媒体假借公安机关口吻对网贷平台发出"高危预警",煽动大家把投资 P2P 的钱全部取出。一边是没有人接手的债权转让标的,一边是因恐慌而流出的大量资金。平台的资产端和资金端骤然失衡,不少中小平台纷纷陷入挤兑风波。透过现象看本质,本轮雷潮在短期内爆发,也导致一批不合规运营的网贷平台集中暴露了自身的弱点。

一类平台因存在自融、虚假标的、资金池等庞氏骗局而原形毕露;还有一类平台因流动性趋紧导致大额借款逾期率上升,短期内难以赔付;更多平台则因存在期限错配,在资金流入明显放缓的形势下,导致平台流动性问题加速爆发。

然而真正合规运营的 P2P 平台,不会也没有必要跑路。平台只是一个撮合民间借贷的信息中介,既拥有真实的资产端,又将资金端的钱托管在第三方资金存管平台。作为连接资产端(贷款用户)和资金端(投资用户)的通道,平台只不过赚取一定的信息中介服务费用。等到 P2P 合规备案政策真正落地,相信网贷行业能迈出更加稳健发展的步伐。

二、P2P 的类别

(一) 银行系

银行系 P2P 的优势主要在于:①资金雄厚,流动性充足;②项目源质地优良,大多来自银行原有中小型客户;③风险控制能力强,利用银行系 P2P 的天然优势,通过银行系统进入央行征信数据库,在较短的时间内掌握借款人的信用情况,从而大大降低了风险。包括招商银行、兰州银行在内的多家银行,以不同的形式直接参与旗下 P2P 网贷平台的风控管理。银行系 P2P 的劣势主要体现在收益率偏低,预期年化收益率处于5.5%～8.6%,略高于银行理财产品,但处于 P2P 行业较低水平,对投资人吸引力有限。并且,很多传统商业银行只是将互联网看作是一个销售渠道,银行系 P2P 平台创新能力、市场化运作机制都不够完善。

(二) 上市公司系

P2P 市场持续火爆,上市公司资本实力雄厚纷纷进场,其原因可归结为:①传统业务后续增长乏力,上市公司谋求多元化经营,寻找新的利润增长点;②上市公司从产业链上下游的角度出发,打造供应链金融体系;③P2P概念受资本追捧,上市公司从市值管理的角度出发,涉足互联网金融板块。借助火热的互联网金融概念,或是通过控股收购P2P公司合并报表,能够帮助上市公司实现市值管理的短期目标。

(三) 国资系

国资系P2P的优势体现在如下方面:①拥有国有背景股东的隐性背书,兑付能力有保障;②国资系P2P平台多脱胎于国有金融或类金融平台,因此,一方面,业务模式较为规范,另一方面,从业人员金融专业素养较高。

国资系P2P平台的劣势也十分明显:①缺乏互联网基因;②从投资端来看,起投门槛较高;③收益率不具有吸引力,其平均年化投资收益率为11%左右,远低于P2P行业平均收益率;④从融资端来看,由于项目标的较大,且产品种类有限,多为企业信用贷,再加上国资系P2P平台较为谨慎,层层审核的机制严重影响了平台运营效率。

(四) 民营系

P2P行业中民营系平台数量最多,起步最早。部分民营系P2P网贷平台已经成长为行业领头羊;更多的草根平台则鱼龙混杂,不胜枚举。这类平台的优势体现在:①具有普惠金融的特点,门槛极低,最低起投门槛甚至只要50元;②投资收益率具有吸引力,大多在15%~20%,处于P2P行业较高水平。然而,民营系P2P的劣势也十分明显,例如风险偏高。由于资本实力及风控能力偏弱,草根P2P网贷平台是网贷平台跑路及倒闭的高发区。

虽然民营系的P2P没有银行的强大背景,但是民营系的P2P平台有着强大的互联网思维,产品创新能力高,市场化程度高,投资起点低,收益高,手续便捷,客户群几乎囊括了各类投资人群。

(五) 风投系

获得风投的平台多分布在北京、上海、广东等地,这些平台大半关注"抵押标",注册资本在1 000万元以下的居多。风投在一定程度上能够为平台增信,风投机构的资金注入充裕了平台资金,有利于扩大经营规模,提升风险承受能力;但风投引入是否导致P2P平台急于扩大经营规模而放松风险控制值得人深思。2013年上线的平台"融易融"(现更名为"自由金服"),2015年1月获海外风投振东投资的1 000万美元投资,2015年7月出现"提现困难",这说明风投注资其实不能完全规避P2P平台的信用风险和经营风险。

三、P2P 的主营业务类型及风险点

P2P 的业务类型是指 P2P 网贷平台开展业务的种类,它从根本上决定着平台的收益水平和平台的风险点。对平台而言,是否能够构建从借款人及项目审核到抵押物的价值评估(真假鉴定、估价)、安全保管(质押、抵押登记、寄售、封存等)、坏账资产处置这一风控闭环体系,决定了平台的运营成败。

(一) P2P 的业务类型

P2P 网贷平台目前有以下几种主要业务类型:

(1) 房屋抵押借款(含一抵、二抵、小产权房)。

(2) 汽车抵押借款(含押车押证、押车不押证、押证不押车)。

(3) 信用借款。

(4) 净值标。

(5) 供应链融资。

(6) 票据质押。

(7) 股权质押。

(8) 融资租赁收益权转让。

(9) 信托受益权转让。

(二) P2P 业务类型的原理及主要风险点

P2P 业务类型的原理及主要风险点如表 8-1 所示。

表 8-1　P2P 业务类型的原理及主要风险点

业务类型		业务原理	主要风险点
房屋抵押借款	一抵	受房产价格的影响,一般借款的单笔金额比较大,风险程序也较为严格,往往比较看重借款人的信用、经营状况和还款能力三个方面	① 流通范围及价值受限 ② 处理时不能优先受偿
	二抵	基于已抵押后的剩余价值的抵押,强化了担保方式,房产增值及按揭还款部分可变为现金流	① 房产剩余价值的评估 ② 各地二次抵押登记的政策风险 ③ 处置时资产时第二顺位受偿
	小产权房	虽无房产证,但实际上有一定的价值,可体现借款人的一定实力	① 流通范围及价值受限 ② 处理时不能优先受偿

（续表）

业务类型		业务原理	主要风险点
汽车抵押借款	押车押证	收押车辆和证件	车证不一
	押证不押车	已结清车辆办理抵押手续	① 一车多抵 ② 车辆价值评估,特别是豪车
	押车不押证	不考虑车辆的产权抵押问题,收押车辆	① 车辆产权不清晰 ② 按揭车或已抵押车风险 ③ 车辆是否大修情况不明 ④ 借款人资质差
信用借款		无需抵押或第三方担保,凭借款人过往信用记录及资产收入状况即可	① 借款人违约成本低 ② 单笔金额较小,需在短期内做大规模,小本偏差
净值标 （流转标）		在平台代收资金作为质押借款	① 杠杆效应,放大资金风险 ② 现实中逾期率较高
供应链融资（订单融资、动产融资、仓单融资、保理融资、应收账款融资等）		将核心企业及其相关的上下游配套企业作为一个整体,根据交易关系和行业特点制定基于货权及现金流控制的整体金融解决方案	① 交易合同的真实性 ② 核心企业风险传递
票据质押		传统的票据分为两种:银行承兑汇票和商业承兑汇票。互联网金融平台中的票据业务模式,主要是围绕这两类票据贴现业务开展,通过将票据质押给互联网金融平台,由平台上的小额投资者支付资金贴现给持票企业	① 票据的真假 ② 商业承兑汇票的贴现要严格考察开票企业的偿付能力 ③ 二次质押中形成的平台资金池或自融问题
股权质押		出质人以其所拥有的股权作为质押标的物而设立的质押股票出质后,质权人只能行使其中的收益权等财产权利,公司重大决策和选择管理者等非财产权利则仍由出质股东行使	① 股权价值的认定 ② 违约后股权变现能力
融资租赁收益权转让		融资租赁收益权持有人转让融资租赁合同项下收取租金的权利给投资人,释放规模压力,拓宽融资渠道	① 承租人的还款能力 ② 融资租赁公司的回购能力 ③ 租赁设备等的市场变现能力
信托受益权转让		受益人将其享有的信托受益权通过协议或其他形式转让给受让人持有。通过这种转让或卖出回购方式阶段性转让信托受益权融资	① 法律风险:银监会规定受益权进行拆分转让的,受让人不得为自然人 ② 信托资金来源的合法、合规性问题 ③ 信托资金的投向

第二节　P2P 行业的主要风险及防范措施

一、平台的风险

（一）客户还款能力不稳

传统金融主要服务还款能力强和背景好的客户。中小企业和收入较低的白领、蓝领客户，银行不愿为他们提供服务。P2P 公司则是主要为这些客户提供短期贷款、过桥贷款、消费贷款、发薪日贷款等。大多数 P2P 公司的客户收入较低，不是银行的目标客户，其信用评分较低，在银行那里拿不到较好的贷款额度。传统金融认为这批客户还款能力较差，不愿意降低信贷审批要求为他们提供融资。

在当前经济调整阶段，这些小企业经营者或者中低收入人群缺少原始积累，受宏观经济影响较大，企业经营和收入波动较大，他们的还款能力不稳定。在 P2P 贷款客户中，还款能力不稳定的客户占很大比例，他们的信用风险较高，对 P2P 公司的风险控制提出了很大的挑战。

（二）客户信用信息不全

传统金融行业可以借助于中国人民银行的企业征信和个人征信数据实施信用风险评估，各银行和信用卡中心也可以及时更新客户金融信贷信息，共享黑名单。在传统金融领域，个人和企业的信用信息集中在一起，风险评估容易进行。

在 P2P 领域，大多数 P2P 公司没有接入中国人民银行征信系统，无法拿到客户全维度信用信息，如客户财产、学历、收入、贷款、金融机构交易等信息。P2P 企业在实施信用风险评估时，仅能够依靠客户提供的信息进行验证，信息来源渠道狭窄，信息不够全面。

（三）恶意欺诈投资者众多

P2P 公司的不良贷款率方面，依据行业经验，5％的不良贷款率是一个能接受的水平，其中的主要损失来源于互联网恶意欺诈、信贷审批成本以及获客成本。恶意欺诈基本上以团伙作案为主，并且这些人越来越狡猾，技术手段越来越先进，很难找到公共特征，也很难归纳，不容易被及时发现。恶意欺诈的共性信息较少，即使有大量的坏种子，也不容易建立风控模型来实施控制。

（四）客户违约成本低，债务收回成本高

由于 P2P 公司的客户违约比例普遍较高，因此 P2P 公司大都建立了自己的贷款

催收团队,当遇到贷款违约时,一般采用 3 种方式进行解决。①将资产打包。以 3～4 折的方式将资产打包卖给资产管理公司,由他们去催收,此法效果不是太好,损失较大,还有法律风险,因此不是主流;②担保公司承担。客户承担 2％左右的担保费用,这种方式较为普遍,但是一旦借款规模较大,也不太合适。此外,这种方式加大了客户贷款成本,使得 P2P 公司的产品竞争力下降;③自己催收。P2P 公司自己催收的缺点是成本太高,客户违约成本低。

二、资金端(投资者)的风险

P2P 网络贷款存在较高收益的同时,还存在着极大的风险。作为投资者,除了自身所存在的问题外,还主要面临着信用风险、操作风险、集资诈骗、阴阳合同以及法律风险。

(一)法律风险

法律风险是指在法律实行过程当中,因为公司外部的法律情况发生变化,或者包括公司本身在内的各类主体没有依照其规定或条约履行义务和行使权利,从而对公司造成了负面的法律后果的可能性。我国 P2P 网贷借贷平台的法律依据主要有《中华人民共和国民法典》《中华人民共和国合同法》《最高人民法院关于人民法院审理借贷案件的若干意见》等。虽然我国制定了许多法律进行监管,但由于法律总是滞后于事物的发展从而出现了一些漏洞,例如 P2P 平台准入门槛不完善、监管主体不明确、信息披露制度不完善等,导致了 P2P 网络借贷平台就不断发生非法集资、资金池运作、高利贷等事件。

(二)违约风险

违约风险就是信用风险,即贷款人不需要任何抵押物、不用资产证明,甚至是没有工作单位就可以进行借款的行为。P2P 平台的主要模式有无担保模式、担保模式、平台模式,无论哪个模式在运营过程当中都存在信用风险。基于目前我国的信用体系和行业成熟度环境来看,尤其是近年来我国经济增长速度开始放缓的状况下,资金的流动性越来越紧张。P2P 平台的客户群体信用等级本身较低,银行和 P2P 平台存在着信息不对称,这使得 P2P 网络借贷平台的投资者存在着较大的违约风险。根据"网贷之家"数据显示,2016 年到 2017 年 2 月,P2P 网络平台借贷成交量虽有上升,但待还余额增长速度大幅度高于成交量的增长速度,且两者之间的差额增长速度也呈现上升趋势。

(三)经济风险

经济风险是指在商品生产和互换过程中,经济主体因为经营管理不善、价格上下波动和消费需求发生变化等,现实收益和预期收益呈现了偏差,发生超出预期经济收益或损失的可能性。经济风险按其产生的原因,一般来说可以分为经营风险、社会风险和自然风险。对 P2P 网络借贷平台而言,投资者出现经济的主要原因是经营风险。首先,P2P 网络借贷平台内部经营管理者自身存在问题,如以 e 租宝为例,在 2016 年 12 月,e 租宝江西地区总监兼南昌第二分公司负责人祝应丰因涉嫌非法集资,被南昌东湖区检察院提起了公诉;在 2017 年 3 月 3 日,合肥分公司负责人同样因非法集资被法院判决了 2 年 9 个月的有期徒刑。其次,P2P 平台内部缺乏金融领域优秀人才,导致了其风控能力较弱和容易出现较高坏账率,严重时将影响平台资金。最后,P2P 平台经营管理团队技术水平较低,容易被黑客攻击网站窜改信息或者删除相关信息。以上这些都将严重威胁投资者的经济利益。

三、资产端(融资者)的风险

纵观以往 P2P 行业各色各样的风险事件,其背后源头大抵都是同一个,即资产端,这道命门一旦失控,便会导致 P2P 平台出现急速的连锁反应,从资产端到资金端的整条生态链条都会受到影响。

通常情况下,资产端的风险主要来自两个方面。

(一) 资产本身的信贷风险

资产本身的信贷风险包括在不同的市场环境下可能出现的逾期、坏账等风险,这类风险是信贷市场难以杜绝的,银行每年都要承受至少 1% 的坏账率,更别说 P2P 行业了,其也只能通过加强风控来降低风险事件的发生率。

(二) 平台的主动性风险

平台的主动性风险最常见的是虚设项目的自融风险、非法挪用资金引起的资金链断裂风险、拆标引发的流动性风险等。以 2015 年几个著名的"大雷"为例,里外贷、盛融在线、EZB 等多家大平台在暴雷之后,均被披露平台存在自融行为。

资产质量的好坏决定着 P2P 资产端能否良好发展。P2P 行业面对的是次级借贷市场,资产质量整体低下,这种先天不足迫使 P2P 平台只能在风控上发力,借助风控手段来提高优质资产的获得率。然而事不遂人愿,P2P 行业不论是风控水平还是人员的专业度,都逊色于传统金融机构。因此,在资产质量低下和风控水平羸弱的双重挤压下,P2P 行业的真实坏账率远高于银行,而逾期借款更是非常常见。

第三节　P2P 行业的风险控制

一、P2P 平台的风险识别及防控方法

P2P 平台面对的借款客户形形色色,不同的借款人有着不同的生活状况和经济状况,这些借款人给平台带来的风险也各不相同,平台要掌握好对借款人的风险识别方法,确定具体借款事项和风险防范措施。

(一) 网贷借款人经验及能力不足的风险

此种风险主要表现为以下几个方面:

(1) 借款人无行业从业经验或从业时间短,管理能力较差。

(2) 借款人受文化程度低或能力较弱。

(3) 借款人频繁更换所从事的行业,且成功率很低。

(4) 借款人经营项目时间不长。

借款人行业经验和能力不足往往会导致其经营项目的失败,从而影响到正常还款。对于行业经验不足的借款人,网贷平台可以采取以下方法降低风险:

(1) 要求其项目经营时间必须达一定时间,保证经营正常稳定后才给予贷款。

(2) 看借款人有无其他收入来源,如有,则在其他收入来源的基础上确定贷款额度。

(3) 要求提供可靠的担保,如借款人需提供不动产抵押或实物抵押。

(二) 网贷借款人居住不稳定的风险

此种风险主要表现为借款人非本地常住人口,在本地无固定居住地或无住房。由于借款人居住不稳定,流动性很大,在贷款后如果借款人离开当地,则对贷款的回收会造成很大麻烦。如果向居住不稳定的借款人发放贷款,网贷平台可以采取以下方法降低风险:

(1) 要求其提供在本地居住稳定、有实力的人担保,或是在本地居住稳定、对借款人有控制力的人担保。

(2) 如果借款人在本地的经营项目稳定、投资很大、不宜轻易转让,居住的稳定性则不重要。

(三) 网贷借款人或家人的健康风险

此种风险主要表现为借款人身体不健康或有严重疾病,借款人家人有重大疾病。如果借款人或其家人有重大疾病等健康问题,借款人往往会花费巨资用在治疗上从而会影响其

还款能力;更有甚者,如果借款人死亡,其债务更加得不到落实,最终落空。借款人本人如果有重大疾病等健康问题,网贷平台最好不给予贷款;如果是其家人有重大疾病等问题,网贷平台可以考虑增加担保。

（四）网贷借款人的信用风险

此种风险主要表现为以下几种:

（1）借款人有不良信用记录,以前贷款有拖欠或已有逾期的拖欠贷款。

（2）借款人拖欠供货商的货款。

（3）借款人拖欠税费、电费、水费等费用。

（4）借款人拖欠员工的工资。

有上述不良信用行为的人,如果是恶意的,网贷平台应拒绝为其提供贷款。如果是借款人虽有上述拖欠,但是非恶意行为,且时间都不长,只是其信用观念淡薄,没有意识到信用记录的重要性,同时借款人是有还款能力的,在这种情况下,可与借款人就信用意识进行交流和沟通,提高借款人的信用意识,增强其信用观念。如果借款人接受则可先向其提供小金额的贷款,并要求提供担保。如果以后还款记录良好,可逐步增加贷款金额。

（五）网贷借款人还款能力不足的风险

此种风险主要表现为以下几种:

（1）经营项目投资较小或固定资产少,很容易转移或出让。

（2）经营项目利润少,收入不足。

（3）调整后的资产负债比率过高。

（4）现金流入量相比每期的还款额较低。

当借款人出现贷款申请额与其还款能力不足时,应降低贷款额度,在借款人的还款能力内发放贷款,也可要求提供抵押或保证担保。

二、P2P 投资者的风险控制

随着 P2P 问题平台的不断增加,P2P 行业也越来越受到质疑,一些不明就里的投资人偏激地认为 P2P 网贷和"跑路""骗子"几乎是同义词,但稍微深入地进行分析就会发现,很多 P2P 平台运作不规范、采取资金池运作模式是其倒闭的一个主要原因。

（一）资金池的形成

资金池就是把资金汇集到一起,形成一个像蓄水池一样的储存资金的空间。在银行、基金、房地产或是保险领域,都有资金池的运用案例。例如,银行就有个庞大的资金池,吸收存款流入资金,发放贷款流出资金,使这个资金池基本保持稳定。基金也有一个资金池,申购和赎回资金的流入流出使基金可以用于投资的资金处于一个相对稳定的状态。

P2P平台原本作为信息提供方,其本身与借贷产生的债权债务关系无关,标的违约与否只是投资者与资金需要方之间的问题。但是许多P2P平台超越了信息提供方的角色,以"做市商"的角色进入这一市场,在资金供需双方之间设立了一个自己可以全权处理的资金账户以方便自己的业务操作(包括显性的业务与某些隐性的业务),但这个账户将会引发一系列的风险。"资金池"通俗地讲就是一个资金账户,里面的资金可以被平台全权处置,其产生大致有以下几种方式。

1. 投资者充值产生

P2P平台在投资期会要求投资者进行充值,这部分资金从充值到用于项目投资存在时间差。由于时间差的存在,平台账户余额会稳定下来,并且随着投资者的增加而增加,在不存在监管的情形下平台对这部分资金有全权的处置能力。

2. 融资者付息产生

类似于第一种方式,当融资者付息时,利息到账与投资者在投资或取现会形成时间差,这种时间差也形成了一定的"资金池"。

3. 虚假项目以及"做市商"模式产生

虚假项目就是P2P平台虚构融资项目,使投资者将款项汇入自己账户,此行为涉嫌非法集资。而"做市商"模式指的是平台先以自身名义收集资金,等到出现项目时再进行放贷,这种模式存在着主体错配与风险错配等风险,在存量不断增加的情况下,极易出现庞氏骗局。

(二) 资金池会产生的风险

中国银监会在互联网金融的监管问题上反复强调,P2P是一种信息中介,首先要保证的就是不能搞资金池,那么为什么银行能搞资金池,而P2P网贷要被严厉禁止呢?因为环境完全不同,银行是有政府信用担保的,但网贷行业却没有,每一个网贷平台都是一个小个体,其抵抗风险的能力远远弱于银行,如果再用资金池,就会有以下风险发生。

1. 资金池容易产生道德风险

从跑路的平台公司来分析,无一例外的全都是资金池模式,投资者把钱打到平台再由平台决定借给谁,大把大把的现金都进到了平台的账户上,稍有风吹草动,平台老板拿钱跑路几乎是必然的。如果不是资金池,投资者的钱直接借给借款人,那么平台根本沾不上钱,就是想跑路也没有动力。

2. 庞氏骗局风险

一个平台不断地借新换旧,其所有坏账与利息均以新债覆盖,收入并不来源于项目收益本身,长此以往就形成了"庞氏骗局"。此时项目的收益对机构运转已不重要,唯有不断有新资金进入才能维持机构运转,其本质已类似于"传销"。

坏账率的高低是识别庞氏骗局的主要指标,对于充分分散的标的,有一条简单的公式:

$$投资者收益＝企业利息－坏账率$$

企业的利息支付受制于盈利水平相对固定,若保障投资者收益在一个相对高位则需要一个十分低的坏账率,在征信系统发达的美国,大型 P2P 网贷公司 Lending Club 的数据显示,其坏账率一度高于 10%。而在征信制度尚不完备的国内,一些 P2P 平台自身提供的坏账率竟长期低于 1%。如果坏账率被人为掩盖,那么为了递补投资者收益,平台以"资金池"为依托借新还旧(庞氏骗局)的概率就变得很大。

这种骗局对大型金融机构产生的破坏性难以估量。如果将上面的平台跑路比作急性病变,那么庞氏骗局就是一种更加危险的慢性病,它会使得风险雪球越滚越大,当骗局被揭露时,往往会对行业造成巨大冲击。

3. 挪用与自融风险

平台拿"资金池"里的资金去买股票、买债券、做回购,甚至借给其他平台等,都属于挪用。自融是挪用中的一种,平台把钱拿来扩展自己的经营,收益由平台独享,而风险则由投资者隐性承担。

4. 风控制度被践踏的风险

既然所有的资金都在一个账户里,并且平台能随意挪用这些资金,那么实际上也不需要设立"风险保障金",平台可以随意担保,原本应该有的风险控制制度因为资金池的出现被随意践踏。一些平台主动运营的资金池主要表现的拆标、期限错配、发标方式转换、虚假标自融等问题,都与这种类型的资金池息息相关。

(三)资金池的险防范措施

将资金池风险作为 P2P 投资的首要风险,不仅是因为其危害巨大,更是因为只要资金池的风险存在一天,对投资者而言许多风控措施都是一种虚设,只有剥夺平台操作资金的权力,才能进行有效的风险控制。

2014 年下半年,银监会创新监管部提出的"P2P 行业监管十项原则"中明令禁止了 P2P 平台的资金池账户;指出 PP 平台应该进行第三方资金托管,即将资金清算与账户管理职能从平台中分离出来,由第三方托管机构独立执行。

实施这一制度时,投资者的资金将统一托管于第三方机构,第三方机构为投资者单独开立资金账户,只有投资者才能对账户中的资金流向进行授意,而 P2P 平台对投资者账户只有两项权利:资金冻结与解冻。当投资行为发生时,投资者自行决定资金流向平台并授意投资数额,接到授意后平台将投资者的资金进行冻结,到满标时(投资行为成立)再进行资金解冻,这样资金就自然划转到融资方账户(与取现操作类似)。平台对资金的处置权利得到有效的限制,不能实施转账以及提现,风险保证金会真正分离于资金池,大大降低了庞氏骗局发生的概率。可以说由真正的第三方资金托管,特别是由具有公信力的金融机构进行托管将是 P2P 走向正规化的第一步。对于网贷投资者来说,辨别平台是否有第三方托管,方法很简单,就是观察在新账号注册时,平台有没有要求另行注册第三方托管账户,如果没有要求注册第三方账户,那么必然会存在资金池。

(四) 识别 P2P 平台安全性的关键因素

关于如何识别网贷平台"好""坏",是投资人最关心的一个问题,这个问题本身范围就很广。平台的"好""坏"到底是指它的性价比好坏,还是安全系数的好坏,还是侧重其他方面。首先要找准你个人的侧重点。就目前对大多数人来说,说平台的好坏,还是更侧重平台安全系数的高低,也有一部分经验丰富的老投资人更侧重投资性价比的高低。识别平台安全系数的好坏,主要有以下十大因素。

1. 借款标的真实性

借款标的真实性主要受 3 个因素影响。

(1) 借款人线上资料的透明度。借款人借款资料披露信息越透明、越完善的,对应的借款标的真实性越高。

(2) 线上线下考察。①从线上看权威机构对平台的考察报告,抽查的借款标的是否与线上披露的相吻合,机构在考察时资料提供是否完善;②如果有条件,自己去现场实地看看或者是找懂行的熟人、朋友了解该公司的风控情况。这一项人为主观因素多些。

(3) 借款标的分散度。一般越小额分散的,往往真实性越高,如果几万块钱一个借款标,造假的难度往往也要高得多了。造假的最喜欢的还是造大标,比如 2016 年明显造假借了 4.5 亿元的"帕敢之心"。

原则是真实性越高的,安全系数分越高,这项因素能占到 15% 左右。

2. 分散度

分散度主要是看第一借款大户、前十大借款大户借款占比和人均借款金额。这三个指标越大的,分散度越差。

投资人的分散度影响没有借款人分散度大,主要还是借款人和借款标的分散。举个极端例子,如果只有一个借款人,那个借款人出问题了,平台就出问题了,这种就是最危险的。把平台命运和一个靠借高利贷过日子的借款人捆绑在一起,风险肯定很高了。

原则是越分散的,对应的安全系数分越高,这个指标对安全因素的影响,能占到15%左右。

3. 规模

规模主要看 4 个指标:待收本金、成交额、投资人数和借款人数。

一个平台的规模大小,应该看重它的待收本金,因为平台的利润的基数是放出去的钱,也就是待收本金在吃利差,而成交额往往因为拆期限水分过重。只要借款标的是真实的,待收本金还是很难掺假的。

原则是规模越大,安全系数分越高,这个前提条件是借款标的必须是真实的。如果是虚假业务,规模越大越危险,养得越肥的,越容易被割韭菜。规模能占到影响安全因素的 15% 左右。

4. 人气

人气的增减可能比人气的多少,更影响平台安全系数。规模越大的,人气就越多;人气的增减,主要就受规模的增减影响。

原则是人气增加的,人气越大的,安全系数分应该越高。人气能占到影响安全因素的 10% 左右。

5. 背景

前文我们已经提到 P2P 的股东的几种背景。在 P2P 网贷行业高速发展阶段,平台大都争相打上背景标签,不少出借人也仅以标签这单一指标衡量平台的安全性,实际上这种判断方式对于出借风险的把控非常片面。出借人若要降低未来的出借风险,正确看待 P2P 网贷平台的背景标签尤为重要。

出借人在出借过程中不应盲目相信标签,也不要因某标签的部分平台出现问题,就对该标签所有平台持否定态度,而需要对平台标签背后所代表的信息有基础的研究之后,再判断是否出借。而如何评判平台与机构合作的目的、从哪些角度判断标签实力、有哪些尽调途径、平台安全性如何判定都将是出借人降低出借风险所面临的问题。

平台股东的真实背景实力、业务模式、资产质量、盈利能力、管理团队和治理结构的成熟度、逾期及代偿情况则应是出借人综合考量平台安全性的重要指标。

原则是背景公司实力雄厚,实缴入股比例越多,资金越多的,分值越高。背景这项因素能占到 10% 的影响分。

6. 利率

虽然说低利率的不一定就安全，但是利率高了后，风险肯定会对应增加。利率合理区间，按照国家相关规定，只要不高于同期银行标准放贷利率的 4 倍，都是合法的，只是风险高低不同罢了。这个利率是指投资人拿到手的实际利率，要考虑利息管理费、提现手续费、活动费等。

原则是在合法范围以内，利率越高的，分值越低，这项也能占到 10% 左右的影响分。

7. 业务模式

P2P 的定位是为中小微企业或者个人融资服务的，这是总体原则。

中小微企业和个人的借款，对应的就应该是小额分散的借款人，无论是信用借贷、抵押、质押模式，都应该倾向于小额分散。从总体来说，信用借贷、车贷等，虽然利润薄，但是突发性的风险低。

另外一个就是看平台的风控能力，例如借款人逾期了，平台是电话催收，还是自己有专业的风控催收团队；逾期了是否能及时收回抵押物，及时变现；还是连自己的催收团队都没有，借款人不还的，就把债权外包给专门的催收公司；有没有自己的法务团队等。

业务模式因素，能占到影响安全系数的 10%。

8. 成立时间和借款周期

通过倒闭平台统计分析来看，成立时间越短的平台，出问题的概率相对来说越高，尤其创业型平台表现更突出。

借款周期越长的，相对来说安全系数能高些。极端例子就是借个一万年都不用还，这种风险肯定就小得多；借款周期过短的，例如全部都是活期的，抗挤兑的风险能力更差。投资人如果发现有风吹草动，对于活期的，大部分还是选择先提现，避风头，再观望。

成立时间和借款周期对安全系数的影响，能占到影响安全系数 5% 左右。

9. 满标时间

满标时间越快的，对应安全系数越高，考虑到有平台采用借营销模式，这项指标对安全系数的影响，最多也就在 5% 左右。对于平台的高收益标，满标时间过快的不一定安全，但是满标时间过慢的，肯定不安全。

10. 打折转让

对传统行业用心经营的公司来说，一般不会动不动就跑路的。当一个公司在产负债率超过 100％,无能力继续经营下去时,那就破产进入清算,把公司的资产该变现的变现,该资产转让抵债的抵债,这样被欠钱的公司也不容易血本无归。但是 P2P 平台以往的多数案例跟传统公司破产不太一样,往往跑路或限制提现后,投资人的投资就血本无归或者拿回极少本金。

如果一个平台在运营的过程中,风险偏高,风险程度已经超过了平台发标利率的收益程度时,投资人可以把自己的债权进行打折转让,割肉走人。把这部分债权,以极低的价格转让给喜欢承担高风险、高收益的投资人,最极端的例子就是投资人白菜价转让债权散人。这种情况下平台出现提现困难的概率要低得多。从某种程度上讲,这个模式跟股市里面的割肉类似。让投资人在平台的收益率尽可能市场化。

收益率越市场化的平台,对应的安全系数也能越高了。这项指标能占到影响安全系数因素的 5％ 左右。

以上十大因素是影响平台安全系数的主要因素,侧重点不同的投资人,可以调整不同因素对安全系数的影响比例。同一项因素对安全系数的影响程度,也可以自己去调试。因为每个人的看法和见解是不一样的。但总体原则差距不大。还有一些诸如网站安全技术、平台高管团队背景、公司注册所在地等的影响,就不一一叙述了。

需要注意,仅看一项或者几项因素就确定某平台很安全,比较勉强;但是如果一项或者几项影响安全系数的因素特别差的平台,这种平台往往就不太安全了,尽量远离。

(五) P2P 平台跑路的原因分析

面临愈演愈烈的 P2P 跑路潮,对投资者而言,了解平台为何跑路,是颇有必要的。了解平台跑路的原因后,就可以在很大程度上避开可能跑路的平台。依据总结归纳,P2P 平台跑路的原因主要有如下几点。

1. 诈骗平台

归根溯源,究竟为什么会有那么多欺诈平台建立,其实无非就是因为创始人本来就是骗子。互联网金融概念很热,而且缺乏监管,导致三教九流都在加入这个行业,而相当一部分投资人普遍都有一种贪婪的心理,骗子正是瞄准这种心理和这个火爆的行业,当然也就起了害人之心。基本上骗子平台都是抱着赚一票就走的态度,这种害人之心终究会让骗子们走上不归路,但是人性的贪婪也会让许多投资者陷入困境。

此类平台建立目的就是为了诈骗,其虚构借款人信息,以高利率为诱饵,通过虚假宣传、秒标等形式,吸引投资者大量资金后卷款而逃。上线时间短是这类诈骗平台的一大特点,目前国内最快的跑路平台为"恒金贷",上线时间仅半天。

2. 自融平台

自融平台是指平台上的借款项目均为关联企业或者平台虚构借款标的,平台将募集的资金挪为己用。很多自融平台成立的目的就是为平台母公司或负责人筹集资金,一旦母公司或负责人不能及时归还本息,就会造成资金链断裂,就会面临平台倒闭或负责人跑路的危险。

3. 庞氏骗局

庞氏骗局,在国内又称"拆东墙补西墙",简单来说就是借新还旧,利用新投资人的钱来向老投资人支付利息和短期回报,以制造赚钱的假象进而骗取更多的投资。这类平台的入账金额会一直大于出账金额,而当入账金额小于出账金额时,平台就会通过发布高收益的秒标、天标等短期标来填补资金缺口。一旦平台没有持续的投资来源,整个资金链就会断裂,平台也就离跑路不远了。

从这类平台可以看出,不管资金量是大是小,不管是不是缺钱,只要有钱给它,它们都是愿意接受的。这是一种贪婪,但也是监管政策的漏洞导致的。

4. 不专业的平台

跟风创业,这时候很多人就会想到如火如荼的 P2P 网贷。很多人脑袋一热就去开平台了,由于之前也根本没有这方面经验,既不懂互联网,又不懂金融,更不懂风控。对借款人的审核并不严格,导致平台借款逾期增多,产生大量坏账,面对即将兑付的巨大压力,开始用自有资金垫付,越垫越多,越陷越深,等到自有资金都垫付不了的时候,平台老板只有赖账,甚至跑路。

这里的专业指很多方面,不但包括互联网方面的、金融方面的专业,而且还包括信审、投后、催收、不良资产处置等,整个链条都环环相扣,如果做不到足够专业熟练,很容易走上不归路。

5. 专业大佬也会"碰壁"

金融行业是很难存在永久神话的,有许多不可预知的风险,当风险到来的时候,随时都有翻船的可能性。由此可见,风险是一定存在的,金融经营的就是风险,而一个优秀的平台应该学会如何规避风险和降低风险。

6. 违约成本低

中国有这么多的金融诈骗犯,这同违约成本相关。东方创投主犯被判了非法集资罪,判刑 3 年缓期执行;铜都贷老板非法吸收公众存款涉案 3.4 亿元,最终判刑不过 9 年。并且很多非法集资案件是可以调解的,平台老板同投资人协商下来能够返还投资人部分本金,只要投资人无异议,平台老板就可能逍遥法外。殊不知,这些平台已经信用破产,只能无法回头继续走下去了。

7. 担保公司跑路

由于国内征信体系不健全,为了获取投资者的信任,大部分 P2P 平台都会引入担保公司,由担保公司对投资者的资金进行担保增信。同担保公司合作,虽然平台将风险转移给了担保公司,但是一旦担保公司出现什么问题,平台也会出问题。

8. 设立资金池

资金池的危害前文已经提及,资金池也是监管部门明令禁止的。

总的来说,除去一部分以诈骗为目的的平台,许多平台倒闭、跑路的原因都是在风控和资金安全这两个方面。因此,投资者在选择靠谱平台时,也可以多多关注这两个方面,看平台的风控能力如何,是否有第三方资金托管等。

附 8-1:P2P 平台暴雷维权

2018 年 6 月至 7 月,P2P 网贷平台在全国范围内大面积暴雷。据不完全统计,从 6 月 1 日至 7 月 22 日的 52 天内,全国共有 150 家 P2P 平台暴雷,或跑路,或拖延兑付,甚至还有平台亲自发布声明承认骗局,建议投资者去向警方报警。

此次全国范围的暴雷,有媒体估计有至少 7 万亿元资产、上千万受害人卷入。这和近期国家重拳出击整顿 P2P 金融服务市场有关。网贷之家的数据显示,中国 P2P 网贷平台最高峰达到了 5 000 多家,最近政策收紧后,两个月来一波倒闭潮,仍有 2 000 家。(注:2020 年 P2P 平台清零)

P2P 网贷平台暴雷后,通常涉嫌的罪名是集资诈骗罪或非法吸收公众存款罪。最近,笔者接到大量 P2P 网贷平台投资人的咨询,询问在 P2P 网贷平台暴雷后,投资人应当如何尽可能挽回损失?

问题一:P2P 网贷平台暴雷,投资人可以另行提起民事诉讼挽回损失吗?

在 P2P 网贷平台暴雷,相关涉案人员被警方控制之后,投资人是不能另外提起民事诉讼挽回损失的。只有在穷尽刑事追赃和执行程序之后,仍然不能弥补损失,投资人才能另行提起民事诉讼。

最高人民法院《关于刑事附带民事诉讼范围问题的规定》第 1 条规定:"因人身权利受到犯罪侵犯而遭受物质损失或者财物被犯罪分子毁坏而遭受物质损失的,可以提起附带民事诉讼。"第 5 条规定:"犯罪分子非法占有、处置被害人财产而使其遭受物质损失的,人民法院应当依法予以追缴或者责令退赔。被追缴、退赔的情况,人民法院可以作为量刑情节予以考虑。经过追缴或者退赔仍不能弥补损失,被害人向人民法院民事审判庭另行提起民事诉讼的,人民法院可以受理。"综上可知,集资诈骗和非法吸收公众存款案件,显然不属于上述第 1 条规定的"因人身权利受到犯罪侵犯而遭受物质损失或者财物被犯罪分子毁坏而遭受物质损失",不能提起附带民事诉讼,而是属于第 5 条的财产被"犯罪分子非法占有、处置而使其遭受物质损失"的情形,可以另外提起民事诉讼。

因此,集资诈骗、非法吸收公众存款案件的投资人,首先适用的是刑事诉讼的追赃发还程序。只有穷尽了刑事追赃或者退赔,仍不能弥补损失,投资人向人民法院民事审判庭另行提起民事诉讼的,人民法院才可能受理。

近期暴雷的 P2P 网贷平台,大多还在侦查阶段,在刑事案件办理过程中,投资人如果向法院提起民事诉讼,在刑事案件作出生效判决之前,显然是不会被受理的。最高人民法院《关于在审理经济纠纷案件中涉及经济犯罪嫌疑若干问题的规定》第 11 条规定:"人民法院作为经济纠纷受理的案件,经审理认为不属经济纠纷案件而有经济犯罪嫌疑的,应当裁定驳回起诉,将有关材料移送公安机关或检察机关。"

问题二:P2P 网贷平台暴雷后,投资人聘请律师有什么用?

P2P 网贷平台暴雷后,投资人考虑的就是如何才能最大可能挽回损失。但是这类平台,通常是已经资金链断裂,涉案款项已经被 P2P 网贷平台转移。这就造成了在司法实践中,在很多集资诈骗、非法吸收公众存款案件中,嫌疑人通过犯罪所得的赃款赃物都很难追缴、退赔,投资人的财产损失常常得不到完全弥补或根本无法弥补。投资人尽快聘请律师,就能主动、迅速地收集 P2P 网贷平台赃款、赃物的相关信息,并建议办案机关采取相应措施,防止赃款、赃物转移,推动嫌疑人主动退赃、退赔以争取从轻处罚,从而使投资人的损失降到最低限度。在案件作出生效判决后,经过追缴或者退赔仍不能弥补损失的,投资人另行提起民事诉讼的,也需要律师代理索赔。

问题三:P2P 网贷平台暴雷,投资人的款项会被作为赃款没收吗?

公安机关对涉嫌集资诈骗、非法吸收公众存款案件的当事人采取刑事强制措施后,通常会提示案件的投资人携带本人身份证复印件、合同复印件及投资、转账凭证等有关资料到本人户籍地或者实际居住地公安机关经侦部门或派出所登记、报案。每当这时,就会出现一个说法,称投资人不要去公安机关做投资登记,并称如果登记了,就会被定性参与非法集资犯罪活动,所有的投资款就会变成赃款,被国家没收、充公。如在 e 租宝、钱宝网、善林金融等案发时,都流传这样的说法。集资诈骗案中的投资人,显然是被害人。相应的投资款,当然应当发还被害人,这点毫无疑义。但是,非法吸收公众存款案件中的投资人是否属于被害人,一直存在较大争议。

在司法实践中,对于非法吸收公众存款案件中的投资人,不同司法机关处理并不一致,有的将其列为被害人,有的将其列为证人。据统计,公开的法律文书中,2015年判决1 790件非法吸存案,1 039件案件将投资人列为被害人,占58%;2016年判决4 269件非法吸存案,2 521件案件将投资人列为被害人,占59%;在2017年上半年判决1 318件非法吸存案,720件案件将投资人列为了被害人,占55%。也就是说,超过一半以上的非法吸收公众存款案件中,办案机关会将投资人列为被害人。相关判决书通常会判决"被告人退出违法犯罪所得,依法退赔被害人",或者"对被告人赃款予以追缴,发还被害人"。

最高人民法院、最高人民检察院、公安部于2014年3月25日发布的《关于办理非法集资刑事案件适用法律若干问题的意见》(公通字〔2014〕16号)使用的是"集资参与人"这一概念。虽然该意见没有明确非法吸收公众存款案件投资人的法律地位,但第5条明确规定:"向社会公众非法吸收的资金属于违法所得。以吸收的资金向集资参与人支付的利息、分红等回报,以及向帮助吸收资金人员支付的代理费、好处费、返点费、佣金、提成等费用,应当依法追缴。集资参与人本金尚未归还的,所支付的回报可予折抵本金……查封、扣押、冻结的涉案财物,一般应在诉讼终结后,返还集资参与人。涉案财物不足全部返还的,按照集资参与人的集资额比例返还。"

非法吸收公众存款案和集资诈骗罪案的区别在于,集资诈骗案的嫌疑人主观上有非法占有为目的,因此集资诈骗案的投资人在法律上属于被害人。但是,要让非法吸收公众存款案中的一般投资人都能明确判断犯罪者的主观心态,这是很难做到的。诈骗类犯罪涉案财产应当作为被害人财产发还,这点毫无异议,但如果因为定性问题,非法吸收公众存款案件的一般投资人的钱款就不能发还,这有违法律的公平原则。由于很多一般投资人是缺乏金融知识的普通人,不可能要求每个人都能明确认识到其参与集资的是非法投资项目,并不一定都存在主观过错。因此,对于非法吸收公众存款案中的投资人,他们的财产权利遭到了侵犯,应当获得赔偿。

问题四:P2P网贷平台暴雷后,投资人能拿回多少投资款?

作为P2P网贷平台的投资人,应当首先通过司法机关的刑事程序发还钱款(仅限本金)。但是由于P2P网贷平台案发时,基本上都是在资金链断裂情况下,所以不可能全额发还。国家更不可能对全部投资款保底。2008年国务院处置非法集资部际联席会议《处置非法集资工作操作流程》(处非联发〔2008〕4号)第49条规定:"集资款的清退,应根据清理后剩余的资金,按集资参与者集资额比例予以清退。对跨区域案件,由牵头省级人民政府负责确定统一的清退比例。参与非法集资活动受到损失的,由集资参与者自行承担。"所以,对于 P2P 网贷平台的投资人来说,应当尽快携带相关资料,到公安机关登记、报案,尽可能挽回损失。投资人应当担心的,不是自己的投资能否拿回的问题,而是能拿回多少的问题,及其司法程序耗时漫长的问题。

　　网贷之家此前统计数据显示,跑路的 P2P 网贷平台赔付比例大多在 50% 以下。2013 年案发的东方创投非法集资案,退还投资人本金 48.7%,历时 9 个月。该平台吸收投资者资金共 1.27 亿元,其中已兑付 7 471.96 万元,实际未归还投资人本金 5 250.32 万元。在查明的犯罪所得中,法院追赃了 2 518.2 万元,占未归还投资人本金的 48.7%。2014 年案发的铜都贷非法吸收公众存款案,投资款按 12.3% 的比例退赔,历时 14 个月。2015 年 12 月 22 日,安徽铜陵铜官山区人民法院正式公告披露,铜陵苏信投资管理有限公司、陈玉根、吴晓军等涉案人员应退赔 1 682 名受害人近 1 亿元的经济损失。可执行退赔总金额约为 1 200 万元左右,所有受害人均按约 12.3% 的比例退赔。2014 年案发的乐网贷非法吸收公众存款案,投资人本金还剩 70%,历时 22 个月。乐网贷涉案金额 1 亿余元,造成损失约 3 000 万元。2015 年 9 月 28 日,莱芜乐网贷案在莱芜市莱城区法院有了一审判决结果,历时 22 个月。莱芜万顺商务咨询有限公司被责令退还投资人 1 988 万元,占比约 70%。2015 年案发的 e 租宝集资诈骗、非法吸收公众存款案,涉案金额 500 多亿元。目前二审已经宣判,涉案财产的善后处理正在进行中,返还比例尚未公布。网贷暴雷愈演愈烈,九死一生的 P2P 公司终于迎来监管部门出手了。

附 8-2:那么我们可以通过哪些方式来维权呢?

　　目前 P2P 平台暴雷维权方式基本可以分成 4 类:①刑事报案;②民事追偿;③商务谈判;④行政诉讼。4 种维权方式各有优劣。

　　(1)刑事报案。受害出借人需前往平台所在地公安局经侦大队报案,提供相应证据,选择一个或多个罪名(常见罪名是非法吸收公共存款罪、非法集资罪等)。刑事立案不需要立案费,一旦立案,公安机关会组织侦查布控。(提示:此方式效率高,花费少。但是出借人报案后,案件进入公诉案件程序,本人不能再撤诉)

　　(2)民事追偿。受害出借人作为原告到网站开设地法院民事庭起诉,需缴纳诉讼费。原告需提供被告的身份证复印件、真实地址等。(提示:原告在某种意义上可掌握案件进度,但是花费较大,效率低)

　　(3)商务谈判。受害出借人在网站拖延钱款初期,出借人发现提现困难立刻启动

商务谈判，与对方严正交涉，尽快还款。(提示：这种方式私密，回款可能性大，但要把握住时机)

(4) 行政诉讼。在报警未予立案，或者办案进度停滞不前的情况下，可以提起行政诉讼，向律师求助。但是一般因为出借受害人比较多，所以行政诉讼的期限也会比较长。

其实即使平台跑路了，我们还是可以通过以上的办法追讨回属于自己的财产。一旦延期兑付，应该毫不客气地快速出手，甚至不用等待其他出借者，每个出借者都有权以独立身份维权，这样才有可能第一时间掌握主动权，尽可能地控制局面。而且越早进行维权，还可能趁着公司没有完全被搬空、负责人没有完全跑路之前，挽回一点损失。这种情况存在的可能性是非常大的。

本章主要内容

股权众筹的概念、分类；股权众筹的参与主体；股权众筹的运作流程；股权众筹的主要风险分析；股权众筹的风险控制。

本章应掌握的主要技能

了解股权众筹的工作流程及特征，能站在众筹平台和投资人的角度对众筹的风险有一定的识别能力，对其存在的风险有一定风险控制的能力和方法。

第一节　股权众筹概述

一、股权众筹的概念和分类

股权众筹是指公司面向普通投资者出让一定比例的股份，投资者通过出资入股公司，获得未来收益，这种基于互联网渠道而进行融资的模式被称作股权众筹。另一种解释就是"股权众筹是私募股权互联网化"。

2009 年众筹在国外兴起，2011 年众筹开始进入中国，2013 年国内正式诞生第一例股权众筹案例，2014 年国内出现第一个有担保的股权众筹项目。2014 年 5 月，证监会明确了对众筹的监管，并出台监管意见稿。

股权众筹从是否有担保角度看可分为两类：无担保股权众筹和有担保股权众筹。无担保股权众筹是指投资人在进行众筹投资的过程中没有第三方公司提供相关权益问题的担保责任，目前国内基本上都是无担保股权众筹。有担保股权众筹是指股权众筹项目在进行众筹的同时，有第三方提供固定期限的担保责任。国内到目前为止只有贷帮的众筹项目提供这种模式担保服务，多数平台尚未接受。

二、股权众筹的参与主体

在股权众筹的运营中,主要参与主体包括筹资人、出资人和众筹平台,部分平台还专门指定托管人。

筹资人又称发起人,通常是指融资过程中需要资金的创业企业或项目,他们通过众筹平台发布企业或项目融资信息以及可出让的股权比例。

出资人往往是数量庞大的互联网用户,他们利用在线支付等方式对自己觉得有投资价值的创业企业或项目进行小额投资。待筹资成功后,出资人获得创业企业或项目一定比例的股权。

众筹平台是指连接筹资人和出资人的媒介,其主要职责是利用网络技术支持,根据相关法律法规,将项目发起人的创意和融资需求信息发布在虚拟空间里,其在筹资成功后负有一定的监督义务。

托管人的指定是为了保证出资人的资金安全,以及出资人资金切实用于创业企业或项目和筹资不成功的及时返还,众筹平台一般都会制定专门银行担任托管人,履行资金托管职责。

三、股权众筹的运作流程

(1)创业企业或项目的发起人向众筹平台提交项目策划或商业计划书,并设定拟筹资金额、可让渡的股权比例及筹款的截止日期。

(2)众筹平台对筹资人提交的项目策划或商业计划书进行审核,审核的范围包括但不限于真实性、完整性、可执行性以及投资价值。

(3)众筹平台审核通过并在网络上发布相应的项目信息和融资信息。

(4)对该创业企业或项目感兴趣的个人或团队,可以在目标期限内承诺或实际交付一定数量资金。

(5)目标期限截止,筹资成功的,出资人与筹资人签订相关协议;筹资不成功的,资金退回各出资人。

第二节　股权众筹的主要风险分析

一、股权众筹平台的风险

(一)制度风险

我国现行法律体系下股权众筹融资的合法地位尚未明确。例如,我国当前投入运营的股权众筹融资平台只有少数获得经营许可证,多数众筹门户网站未依法获得批准吸收资金的资格。未依法获得批准的股权众筹融资模式是未经证监会批准的一种公开募资行为,违背了相关法律规定,这使得股权众筹融资行为与变相吸收公众存款行为相类似,其合法性存在一定争议。例如,2012～2013 年,美微传媒通过淘宝"网络私募"公开向大众发行股票募集资金,涉嫌违反相关法律法规,受到相关监管部门审查。此外,股权众筹融资项目投资者人数可能会超过《中华人民共和国公司法》《中华人民共和国合伙企业法》等相关法律规定的限定。因为股权众筹融资主要依靠大众投资者的低成本小额投资,而我国法律规定,公开募资项目投资者人数超过 200 人需要报证监会批准,由此带来的高额成本不仅对中小型初创企业构成一定的进入门槛,更重要的是,股权众筹融资主要依靠大众小额投资,而投资者人数规模受限就会直接导致项目募资规模受限,使这一融资模式的集资功能大打折扣。

(二) 监管风险

从我国目前的股权众筹平台运营模式来看,在股权众筹过程中的不同环节都存在着风险。

(1) 数据获取的风险。互联网信息技术、大数据挖掘技术等先进技术的发展为获取股权众筹融资平台参与主体信息、信用风险评级、金融建模等提供了有效的途径,但由于网络的虚拟性特征,数据获取的真实性和准确性可能会存在偏差,客观上增加了融资平台的运营风险。

(2) 股权众筹融资在平衡降低融资企业信息披露成本与平台信息不对称风险上存在一定困难。这是因为目前我国对互联网股权众筹融资平台的主要监管方式基本等同于对私募基金的监管模式,缺乏一定的针对性。例如,一方面,融资企业可能通过夸大性的项目描述或人为窜改的财务报表等对企业运营情况和项目盈利前景进行虚假宣传,诱导投资者投资,扩大集资规模。初创企业往往缺乏财务审核和信息披露规范,投资者获取足够信息和利益损失的认定、举证、计算与追偿等维权成本较高,这种信息不对称问题往往会加大股权众筹融资平台的融资成本,加剧融资平台系统性风险。另一方面,如果强制要求中小微初创企业公开发布其项目具体设计、项目规划、商业创意等信息,可能难以保护其知识产权、商业机密、高管隐私等,导致其隐性融资成本抬升,从而难以有效发挥股权众筹融资平台的低成本优势。

(3) 现行制度下对股权众筹融资平台的信息披露缺乏有效指导和监管,股权众筹融资平台的第三方中介机构对融资者的信息获取有限,缺乏对融资项目的权威评估,投资者难以有效把握融资项目风险。此外,目前我国的征信体系尚不健全,股权众筹融资平台不能直接利用中国人民银行的个人征信系统，无法准确获取融资方责任人准确的个人信息，从而无法对其进行精准信用评级和征信系统约束。

二、投资者的风险

由于投资者股权转让、流通机制尚不健全，加之相关监管缺位，股权众筹融资平台很容易滋生欺诈、恶意串通、融资方故意虚构项目盈利前景及其他违法行为，投资者权益难以得到有效保护。例如，我国股权众筹多采用"领投"与"跟投"相结合的融资模式，即由具有一定投资技术和经验的专业投资人作为领投人，普通投资者参考专业领投者选定的项目进行跟进投资，这种模式存在领投人与融资者恶意串通、错误引导的风险，且很容易产生"羊群效应"，导致投资风险扩大和外溢，给投资者造成利益损失。

另外，目前我国的股权众筹融资门户基于开放性的互联网平台运营，其挂牌审核程序较传统融资中介机构更为宽松和简单，且各门户网站尚未对投资者进入资格进行明确限定，并且短期内风险较高投资额度较大的融资项目并不适合所有类型的投资人，现行制度缺乏对不同风险承受能力的投资者的针对性保护，难以对投资者风险进行有效防控，且股权众筹融资平台可能通过降低融资项目进入门槛提高平台收入，导致平台风险加剧。平台监管的主动性、技术能力等也不能满足快速发展的要求。

第三节　股权众筹的风险控制

一、加强对股权众筹融资平台的中介和投资者资格限制

各国从事股权众筹业务的中介机构均采取注册制或许可制对其进入资格进行限定。

美国的股权众筹业务的中介机构必须在证券交易委员会申请经济-交易商资格或注册为"融资门户"，并需满足由全国性证券协会设定的运营能力、财务管理、赔偿保险等条件。

加拿大股权众筹融资平台发起者需申请受限交易商资格，并且需缴纳最低 5 万加元的保险金。

意大利股权众筹融资中介机构需在 CONSOB 注册为专门提供融资服务的公司。实行许可制的国家，股权众筹业务的中介机构则需从相关机构获得经营许可证明。

英国通过 FCA 许可证明限定股权众筹业务的中介运营资格。

新西兰由金融市场局向具有充分信息披露安排、符合相关政策规定的股权众筹中介颁发许可证。

澳大利亚由证券和投资委员会向中介机构颁发业务经营许可。

值得注意的是,发达国家股权众筹融资平台能够对投资者进入资格进行有效管控的一个重要基础是覆盖范围广阔、数据来源广泛的征信体系。例如,美国的征信系统基于居民计算机 IP 地址等信息形成数据来源丰富、完整、分层次的监控体系,依据企业经营情况、资产规模、管理层信用记录等指标进行信用风险评级,并且这一征信系统几乎是开放性的,股权众筹融资平台可以借此对融资方责任人进行有效的信用评级。

二、限定投融资规模,降低系统性风险

为避免系统性风险,各国还通过不同方式对股权众筹融资平台的投资者和融资者进入资格进行限制。其中,各国普遍以限定投资者投资规模的方式对投资风险进行控制。

美国股权众筹融资平台的投资者依据年收入划定投资限额,其中持有资产在 10 万美元以下的投资者投资规模上限为 2 000 美元。

英国则依据投资者各类投资加总额度对股权众筹投资规模加以限制,规定投向众筹平台的资金规模需在投资总额的十分之一以下。

加拿大直接限定投资资金规模,规定投资于各个发行人的单次限额为 2 500 加元,并且每年总投资额度限额为 10 000 加元。

澳大利亚规定投资者一年内对各发行人的投资不得超过 2 500 澳元,并将最高总投资额限定为 10 000 澳元。

除英国等少数几个国家,各国还对发行人筹资规模进行限制。美国、加拿大等国家分别将股权众筹融资的融资者一年内的最高融资规模限制在 100～500 美元之间。

部分国家还对发行人的资格进行了限制。意大利规定股权众筹融资平台的融资者必须为创新型初创企业,并且这一资格必须由商业部进行认证。澳大利亚则规定股权众筹融资平台的融资者必须为公开公司。

三、明确第三方责任义务

发达国家普遍以法律形式对股权众筹融资中介的责任和义务进行明确的规定。

以美国 JOBS 法案为例,该法案从众筹融资中介的信息公开、隐私保护、兜底条款

等方面对众筹融资中介进行了详细的规范化指导。JOBS法案规定,众筹融资平台的运营者不仅具有向投资者提供风险提示、教育、隐私保护等义务,还需要在融资项目发行前三周向SEC和潜在投资者提供法律规定的发行人基本信息、经营状况、预期融资用途、关联方交易等信息。美国SEC监管细则草案还规定了第三方交易平台的注册制,对股权众筹融资门户的运营资格进行了资格限制。

英国政府规定,股权众筹融资中介在发行股票募资之前需通过线上或线下途径经由FCA进行资格认证。

新西兰政府要求股权众筹融资平台开展相关融资中介业务必须获取金融市场局(FMA)的运营许可。

澳大利亚CAMAC通过澳大利亚证券和投资委员会(ASIC)对股权众筹融资门户的注册方进行审核和颁发许可。

另外,第三方众筹融资中介还要对项目发行方主要股东、管理层信息进行调查,以防止非法融资、欺诈等非法行为的发生。众筹融资平台运营者在融资方完成目标融资额度之前,还具有托管筹集资金的义务。此外,美国JOBS法案还对股权众筹融资平台的项目宣传加以规范,规定众筹不能经由电视、报纸等媒介进行宣传,而必须由专业的集资方或者经纪人来进行。

关于促进互联网金融健康发展的指导意见

近年来,互联网技术、信息通信技术不断取得突破,推动互联网与金融快速融合,促进了金融创新,提高了金融资源配置效率,但也存在一些问题和风险隐患。为全面贯彻落实党的十八大和十八届二中、三中、四中全会精神,按照党中央、国务院决策部署,遵循"鼓励创新、防范风险、趋利避害、健康发展"的总体要求,从金融业健康发展全局出发,进一步推进金融改革创新和对外开放,促进互联网金融健康发展,经党中央、国务院同意,现提出以下意见。

一、鼓励创新,支持互联网金融稳步发展

互联网金融是传统金融机构与互联网企业(以下统称从业机构)利用互联网技术和信息通信技术实现资金融通、支付、投资和信息中介服务的新型金融业务模式。互联网与金融深度融合是大势所趋,将对金融产品、业务、组织和服务等方面产生更加深刻的影响。互联网金融对促进小微企业发展和扩大就业发挥了现有金融机构难以替代的积极作用,为大众创业、万众创新打开了大门。促进互联网金融健康发展,有利于提升金融服务质量和效率,深化金融改革,促进金融创新发展,扩大金融业对内对外开放,构建多层次金融体系。

(一)积极鼓励互联网金融平台、产品和服务创新,激发市场活力。鼓励银行、证券、保险、基金、信托和消费金融等金融机构依托互联网技术,实现传统金融业务与服务转型升级,积极开发基于互联网技术的新产品和新服务。支持有条件的金融机构建设创新型互联网平台开展网络银行、网络证券、网络保险、网络基金销售和网络消费金融等业务。支持互联网企业依法合规设立互联网支付机构、网络借贷平台、股权众筹融资平台、网络金融产品销售平台,建立服务实体经济的多层次金融服务体系,更好地满足中小微企业和个人投融资需求,进一步拓展普惠金融的广度和深度。鼓励电子商务企业在符合金融法律法规规定的条件下自建和完善线上金融服务体系,有效拓展电

商供应链业务。鼓励从业机构积极开展产品、服务、技术和管理创新,提升从业机构核心竞争力。

(二)鼓励从业机构相互合作,实现优势互补。支持各类金融机构与互联网企业开展合作,建立良好的互联网金融生态环境和产业链。鼓励银行业金融机构开展业务创新,为第三方支付机构和网络贷款平台等提供资金存管、支付清算等配套服务。支持小微金融服务机构与互联网企业开展业务合作,实现商业模式创新。支持证券、基金、信托、消费金融、期货机构与互联网企业开展合作,拓宽金融产品销售渠道,创新财富管理模式。鼓励保险公司与互联网企业合作,提升互联网金融企业风险抵御能力。

(三)拓宽从业机构融资渠道,改善融资环境。支持社会资本发起设立互联网金融产业投资基金,推动从业机构与创业投资机构、产业投资基金深度合作。鼓励符合条件的优质从业机构在主板、创业板等境内资本市场上市融资。鼓励银行业金融机构按照支持小微企业发展的各项金融政策,对处于初创期的从业机构予以支持。针对互联网企业特点,创新金融产品和服务。

(四)坚持简政放权,提供优质服务。各金融监管部门要积极支持金融机构开展互联网金融业务。按照法律法规规定,对符合条件的互联网企业开展相关金融业务实施高效管理。工商行政管理部门要支持互联网企业依法办理工商注册登记。电信主管部门、国家互联网信息管理部门要积极支持互联网金融业务,电信主管部门对互联网金融业务涉及的电信业务进行监管,国家互联网信息管理部门负责对金融信息服务、互联网信息内容等业务进行监管。积极开展互联网金融领域立法研究,适时出台相关管理规章,营造有利于互联网金融发展的良好制度环境。加大对从业机构专利、商标等知识产权的保护力度。鼓励省级人民政府加大对互联网金融的政策支持。支持设立专业化互联网金融研究机构,鼓励建设互联网金融信息交流平台,积极开展互联网金融研究。

(五)落实和完善有关财税政策。按照税收公平原则,对于业务规模较小、处于初创期的从业机构,符合我国现行对中小企业特别是小微企业税收政策条件的,可按规定享受税收优惠政策。结合金融业营业税改征增值税改革,统筹完善互联网金融税收政策。落实从业机构新技术、新产品研发费用税前加计扣除政策。

(六)推动信用基础设施建设,培育互联网金融配套服务体系。支持大数据存储、网络与信息安全维护等技术领域基础设施建设。鼓励从业机构依法建立信用信息共享平台。推动符合条件的相关从业机构接入金融信用信息基础数据库。允许有条件的从业机构依法申请征信业务许可。支持具备资质的信用中介组织开展互联网企业信用评级,增强市场信息透明度。鼓励会计、审计、法律、咨询等中介服务机构为互联网企业提供相关专业服务。

二、分类指导,明确互联网金融监管责任

互联网金融本质仍属于金融,没有改变金融风险隐蔽性、传染性、广泛性和突发性的特点。加强互联网金融监管,是促进互联网金融健康发展的内在要求。同时,互联网金融是新生事物和新兴业态,要制定适度宽松的监管政策,为互联网金融创新留有余地和空间。通过鼓励创新和加强监管相互支撑,促进互联网金融健康发展,更好地服务实体经济。互联网金融监管应遵循"依法监管、适度监管、分类监管、协同监管、创新监管"的原则,科学合理界定各业态的业务边界及准入条件,落实监管责任,明确风险底线,保护合法经营,坚决打击违法和违规行为。

(七)互联网支付。互联网支付是指通过计算机、手机等设备,依托互联网发起支付指令、转移货币资金的服务。互联网支付应始终坚持服务电子商务发展和为社会提供小额、快捷、便民小微支付服务的宗旨。银行业金融机构和第三方支付机构从事互联网支付,应遵守现行法律法规和监管规定。第三方支付机构与其他机构开展合作的,应清晰界定各方的权利义务关系,建立有效的风险隔离机制和客户权益保障机制。要向客户充分披露服务信息,清晰地提示业务风险,不得夸大支付服务中介的性质和职能。互联网支付业务由人民银行负责监管。

(八)网络借贷。网络借贷包括个体网络借贷(即 P2P 网络借贷)和网络小额贷款。个体网络借贷是指个体和个体之间通过互联网平台实现的直接借贷。在个体网络借贷平台上发生的直接借贷行为属于民间借贷范畴,受合同法、民法通则等法律法规以及最高人民法院相关司法解释规范。个体网络借贷要坚持平台功能,为投资方和融资方提供信息交互、撮合、资信评估等中介服务。个体网络借贷机构要明确信息中介性质,主要为借贷双方的直接借贷提供信息服务,不得提供增信服务,不得非法集资。网络小额贷款是指互联网企业通过其控制的小额贷款公司,利用互联网向客户提供的小额贷款。网络小额贷款应遵守现有小额贷款公司监管规定,发挥网络贷款优势,努力降低客户融资成本。网络借贷业务由银监会负责监管。

(九)股权众筹融资。股权众筹融资主要是指通过互联网形式进行公开小额股权融资的活动。股权众筹融资必须通过股权众筹融资中介机构平台(互联网网站或其他类似的电子媒介)进行。股权众筹融资中介机构可以在符合法律法规规定前提下,对业务模式进行创新探索,发挥股权众筹融资作为多层次资本市场有机组成部分的作

用,更好服务创新创业企业。股权众筹融资方应为小微企业,应通过股权众筹融资中介机构向投资人如实披露企业的商业模式、经营管理、财务、资金使用等关键信息,不得误导或欺诈投资者。投资者应当充分了解股权众筹融资活动风险,具备相应风险承受能力,进行小额投资。股权众筹融资业务由证监会负责监管。

(十)互联网基金销售。基金销售机构与其他机构通过互联网合作销售基金等理财产品的,要切实履行风险披露义务,不得通过违规承诺收益方式吸引客户;基金管理人应当采取有效措施防范资产配置中的期限错配和流动性风险;基金销售机构及其合作机构通过其他活动为投资人提供收益的,应当对收益构成、先决条件、适用情形等进行全面、真实、准确表述和列示,不得与基金产品收益混同。第三方支付机构在开展基金互联网销售支付服务过程中,应当遵守人民银行、证监会关于客户备付金及基金销售结算资金的相关监管要求。第三方支付机构的客户备付金只能用于办理客户委托的支付业务,不得用于垫付基金和其他理财产品的资金赎回。互联网基金销售业务由证监会负责监管。

(十一)互联网保险。保险公司开展互联网保险业务,应遵循安全性、保密性和稳定性原则,加强风险管理,完善内控系统,确保交易安全、信息安全和资金安全。专业互联网保险公司应当坚持服务互联网经济活动的基本定位,提供有针对性的保险服务。保险公司应建立对所属电子商务公司等非保险类子公司的管理制度,建立必要的防火墙。保险公司通过互联网销售保险产品,不得进行不实陈述、片面或夸大宣传过往业绩、违规承诺收益或者承担损失等误导性描述。互联网保险业务由保监会负责监管。

(十二)互联网信托和互联网消费金融。信托公司、消费金融公司通过互联网开展业务的,要严格遵循监管规定,加强风险管理,确保交易合法合规,并保守客户信息。信托公司通过互联网进行产品销售及开展其他信托业务的,要遵守合格投资者等监管规定,审慎甄别客户身份和评估客户风险承受能力,不能将产品销售给与风险承受能力不相匹配的客户。信托公司与消费金融公司要制定完善产品文件签署制度,保证交易过程合法合规,安全规范。互联网信托业务、互联网消费金融业务由银监会负责监管。

三、健全制度,规范互联网金融市场秩序

发展互联网金融要以市场为导向,遵循服务实体经济、服从宏观调控和维护金融稳定的总体目标,切实保障消费者合法权益,维护公平竞争的市场秩序。要细化管理

制度,为互联网金融健康发展营造良好环境。

(十三)互联网行业管理。任何组织和个人开设网站从事互联网金融业务的,除应按规定履行相关金融监管程序外,还应依法向电信主管部门履行网站备案手续,否则不得开展互联网金融业务。工业和信息化部负责对互联网金融业务涉及的电信业务进行监管,国家互联网信息办公室负责对金融信息服务、互联网信息内容等业务进行监管,两部门按职责制定相关监管细则。

(十四)客户资金第三方存管制度。除另有规定外,从业机构应当选择符合条件的银行业金融机构作为资金存管机构,对客户资金进行管理和监督,实现客户资金与从业机构自身资金分账管理。客户资金存管账户应接受独立审计并向客户公开审计结果。人民银行会同金融监管部门按照职责分工实施监管,并制定相关监管细则。

(十五)信息披露、风险提示和合格投资者制度。从业机构应当对客户进行充分的信息披露,及时向投资者公布其经营活动和财务状况的相关信息,以便投资者充分了解从业机构运作状况,促使从业机构稳健经营和控制风险。从业机构应当向各参与方详细说明交易模式、参与方的权利和义务,并进行充分的风险提示。要研究建立互联网金融的合格投资者制度,提升投资者保护水平。有关部门按照职责分工负责监管。

(十六)消费者权益保护。研究制定互联网金融消费者教育规划,及时发布维权提示。加强互联网金融产品合同内容、免责条款规定等与消费者利益相关的信息披露工作,依法监督处理经营者利用合同格式条款侵害消费者合法权益的违法、违规行为。构建在线争议解决、现场接待受理、监管部门受理投诉、第三方调解以及仲裁、诉讼等多元化纠纷解决机制。细化完善互联网金融个人信息保护的原则、标准和操作流程。严禁网络销售金融产品过程中的不实宣传、强制捆绑销售。人民银行、银监会、证监会、保监会会同有关行政执法部门,根据职责分工依法开展互联网金融领域消费者和投资者权益保护工作。

(十七)网络与信息安全。从业机构应当切实提升技术安全水平,妥善保管客户资料和交易信息,不得非法买卖、泄露客户个人信息。人民银行、银监会、证监会、保监会、工业和信息化部、公安部、国家互联网信息办公室分别负责对相关从业机构的网络与信息安全保障进行监管,并制定相关监管细则和技术安全标准。

(十八)反洗钱和防范金融犯罪。从业机构应当采取有效措施识别客户身份,主动监测并报告可疑交易,妥善保存客户资料和交易记录。从业机构有义务按照有关规定,建立健全有关协助查询、冻结的规章制度,协助公安机关和司法机关依法、及时查询、冻结涉案财产，配合公安机关和司法机关做好取证和执行工作。坚决打击涉及非法集资等互联网金融犯罪，防范金融风险，维护金融秩序。金融机构在和互联网企业开展合作、代理时应根据有关法律和规定签订包括反洗钱和防范金融犯罪要求的合作、代理协议，并确保不因合作、代理关系而降低反洗钱和金融犯罪执行标准。人民银行牵头负责对从业机构履行反洗钱义务进行监管，并制定相关监管细则。打击互联网金融犯罪工作由公安部牵头负责。

（十九）加强互联网金融行业自律。充分发挥行业自律机制在规范从业机构市场行为和保护行业合法权益等方面的积极作用。人民银行会同有关部门，组建中国互联网金融协会。协会要按业务类型，制订经营管理规则和行业标准，推动机构之间的业务交流和信息共享。协会要明确自律惩戒机制，提高行业规则和标准的约束力。强化守法、诚信、自律意识，树立从业机构服务经济社会发展的正面形象，营造诚信规范发展的良好氛围。

（二十）监管协调与数据统计监测。各监管部门要相互协作、形成合力，充分发挥金融监管协调部际联席会议制度的作用。人民银行、银监会、证监会、保监会应当密切关注互联网金融业务发展及相关风险，对监管政策进行跟踪评估，适时提出调整建议，不断总结监管经验。财政部负责互联网金融从业机构财务监管政策。人民银行会同有关部门，负责建立和完善互联网金融数据统计监测体系，相关部门按照监管职责分工负责相关互联网金融数据统计和监测工作，并实现统计数据和信息共享。

国务院办公厅关于积极推进供应链创新与应用的指导意见

各省、自治区、直辖市人民政府,国务院各部委、各直属机构:

供应链是以客户需求为导向,以提高质量和效率为目标,以整合资源为手段,实现产品设计、采购、生产、销售、服务等全过程高效协同的组织形态。随着信息技术的发展,供应链已发展到与互联网、物联网深度融合的智慧供应链新阶段。为加快供应链创新与应用,促进产业组织方式、商业模式和政府治理方式创新,推进供给侧结构性改革,经国务院同意,现提出以下意见。

一、重要意义

（一）落实新发展理念的重要举措。

供应链具有创新、协同、共赢、开放、绿色等特征,推进供应链创新发展,有利于加速产业融合、深化社会分工、提高集成创新能力,有利于建立供应链上下游企业合作共赢的协同发展机制,有利于建立覆盖设计、生产、流通、消费、回收等各环节的绿色产业体系。

（二）供给侧结构性改革的重要抓手。

供应链通过资源整合和流程优化,促进产业跨界和协同发展,有利于加强从生产到消费等各环节的有效对接,降低企业经营和交易成本,促进供需精准匹配和产业转型升级,全面提高产品和服务质量。供应链金融的规范发展,有利于拓宽中小微企业的融资渠道,确保资金流向实体经济。

（三）引领全球化提升竞争力的重要载体。

推进供应链全球布局,加强与伙伴国家和地区之间的合作共赢,有利于我国企业更深更广融入全球供给体系,推进"一带一路"建设落地,打造全球利益共同体和命运共同体。建立基于供应链的全球贸易新规则,有利于提高我国在全球经济治理中的话语权,保障我国资源能源安全和产业安全。

二、总体要求

（一）指导思想。

全面贯彻党的十八大和十八届三中、四中、五中、六中全会精神，深入贯彻习近平总书记系列重要讲话精神和治国理政新理念新思想新战略，认真落实党中央、国务院决策部署，统筹推进"五位一体"总体布局和协调推进"四个全面"战略布局，坚持以人民为中心的发展思想，坚持稳中求进工作总基调，牢固树立和贯彻落实创新、协调、绿色、开放、共享的发展理念，以提高发展质量和效益为中心，以供应链与互联网、物联网深度融合为路径，以信息化、标准化、信用体系建设和人才培养为支撑，创新发展供应链新理念、新技术、新模式，高效整合各类资源和要素，提升产业集成和协同水平，打造大数据支撑、网络化共享、智能化协作的智慧供应链体系，推进供给侧结构性改革，提升我国经济全球竞争力。

（二）发展目标。

到 2020 年，形成一批适合我国国情的供应链发展新技术和新模式，基本形成覆盖我国重点产业的智慧供应链体系。供应链在促进降本增效、供需匹配和产业升级中的作用显著增强，成为供给侧结构性改革的重要支撑。培育 100 家左右的全球供应链领先企业，重点产业的供应链竞争力进入世界前列，中国成为全球供应链创新与应用的重要中心。

三、重点任务

（一）推进农村一二三产业融合发展。

1. 创新农业产业组织体系。鼓励家庭农场、农民合作社、农业产业化龙头企业、农业社会化服务组织等合作建立集农产品生产、加工、流通和服务等于一体的农业供应链体系，发展种养加、产供销、内外贸一体化的现代农业。鼓励承包农户采用土地流转、股份合作、农业生产托管等方式融入农业供应链体系，完善利益联结机制，促进多种形式的农业适度规模经营，把农业生产引入现代农业发展轨道。（农业部、商务部等负责）

2. 提高农业生产科学化水平。推动建设农业供应链信息平台，集成农业生产经营各环节的大数据，共享政策、市场、科技、金融、保险等信息服务，提高农业生产科技化和精准化水平。加强产销衔接，优化种养结构，促进农业生产向消费导向型转变，增加绿色优质农产品供给。鼓励发展农业生产性服务业，开拓农业供应链金融服务，支持

订单农户参加农业保险。(农业部、科技部、商务部、银监会、保监会等负责)

3. 提高质量安全追溯能力。加强农产品和食品冷链设施及标准化建设,降低流通成本和损耗。建立基于供应链的重要产品质量安全追溯机制,针对肉类、蔬菜、水产品、中药材等食用农产品,婴幼儿配方食品、肉制品、乳制品、食用植物油、白酒等食品,农药、兽药、饲料、肥料、种子等农业生产资料,将供应链上下游企业全部纳入追溯体系,构建来源可查、去向可追、责任可究的全链条可追溯体系,提高消费安全水平。(商务部、国家发展改革委、科技部、农业部、质检总局、食品药品监管总局等负责)

(二)促进制造协同化、服务化、智能化。

1. 推进供应链协同制造。推动制造企业应用精益供应链等管理技术,完善从研发设计、生产制造到售后服务的全链条供应链体系。推动供应链上下游企业实现协同采购、协同制造、协同物流,促进大中小企业专业化分工协作,快速响应客户需求,缩短生产周期和新品上市时间,降低生产经营和交易成本。(工业和信息化部、国家发展改革委、科技部、商务部等负责)

2. 发展服务型制造。建设一批服务型制造公共服务平台,发展基于供应链的生产性服务业。鼓励相关企业向供应链上游拓展协同研发、众包设计、解决方案等专业服务,向供应链下游延伸远程诊断、维护检修、仓储物流、技术培训、融资租赁、消费信贷等增值服务,推动制造供应链向产业服务供应链转型,提升制造产业价值链。(工业和信息化部、国家发展改革委、科技部、商务部、人民银行、银监会等负责)

3. 促进制造供应链可视化和智能化。推动感知技术在制造供应链关键节点的应用,促进全链条信息共享,实现供应链可视化。推进机械、航空、船舶、汽车、轻工、纺织、食品、电子等行业供应链体系的智能化,加快人机智能交互、工业机器人、智能工厂、智慧物流等技术和装备的应用,提高敏捷制造能力。(工业和信息化部、国家发展改革委、科技部、商务部等负责)

(三)提高流通现代化水平。

1. 推动流通创新转型。应用供应链理念和技术,大力发展智慧商店、智慧商圈、智慧物流,提升流通供应链智能化水平。鼓励批发、零售、物流企业整合供应链资源,构建采购、分销、仓储、配送供应链协同平台。鼓励住宿、餐饮、养老、文化、体育、旅游等行业建设供应链综合服务和交易平台,完善供应链体系,提升服务供给质量和效率。(商务部、国家发展改革委、科技部、质检总局等负责)

2. 推进流通与生产深度融合。鼓励流通企业与生产企业合作,建设供应链协同平台,准确及时传导需求信息,实现需求、库存和物流信息的实时共享,引导生产端优化配置生产资源,加速技术和产品创新,按需组织生产,合理安排库存。实施内外销产品"同线同标同质"等一批示范工程,提高供给质量。(商务部、工业和信息化部、农业部、质检总局等负责)

3. 提升供应链服务水平。引导传统流通企业向供应链服务企业转型,大力培育新型供应链服务企业。推动建立供应链综合服务平台,拓展质量管理、追溯服务、金融服务、研发设计等功能,提供采购执行、物流服务、分销执行、融资结算、商检报关等一体化服务。(商务部、人民银行、银监会等负责)

(四)积极稳妥发展供应链金融。

1. 推动供应链金融服务实体经济。推动全国和地方信用信息共享平台、商业银行、供应链核心企业等开放共享信息。鼓励商业银行、供应链核心企业等建立供应链金融服务平台,为供应链上下游中小微企业提供高效便捷的融资渠道。鼓励供应链核心企业、金融机构与人民银行征信中心建设的应收账款融资服务平台对接,发展线上应收账款融资等供应链金融模式。(人民银行、国家发展改革委、商务部、银监会、保监会等负责)

2. 有效防范供应链金融风险。推动金融机构、供应链核心企业建立债项评级和主体评级相结合的风险控制体系,加强供应链大数据分析和应用,确保借贷资金基于真实交易。加强对供应链金融的风险监控,提高金融机构事中事后风险管理水平,确保资金流向实体经济。健全供应链金融担保、抵押、质押机制,鼓励依托人民银行征信中心建设的动产融资统一登记系统开展应收账款及其他动产融资质押和转让登记,防止重复质押和空单质押,推动供应链金融健康稳定发展。(人民银行、商务部、银监会、保监会等负责)

(五)积极倡导绿色供应链。

1. 大力倡导绿色制造。推行产品全生命周期绿色管理,在汽车、电器电子、通信、大型成套装备及机械等行业开展绿色供应链管理示范。强化供应链的绿色监管,探索建立统一的绿色产品标准、认证、标识体系,鼓励采购绿色产品和服务,积极扶植绿色产业,推动形成绿色制造供应链体系。(国家发展改革委、工业和信息化部、环境保护部、商务部、质检总局等按职责分工负责)

2. 积极推行绿色流通。积极倡导绿色消费理念,培育绿色消费市场。鼓励流通环节推广节能技术,加快节能设施设备的升级改造,培育一批集节能改造和节能产品销售于一体的绿色流通企业。加强绿色物流新技术和设备的研究与应用,贯彻执行运输、装卸、仓储等环节的绿色标准,开发应用绿色包装材料,建立绿色物流体系。(商务

部、国家发展改革委、环境保护部等负责）

3. 建立逆向物流体系。鼓励建立基于供应链的废旧资源回收利用平台，建设线上废弃物和再生资源交易市场。落实生产者责任延伸制度，重点针对电器电子、汽车产品、轮胎、蓄电池和包装物等产品，优化供应链逆向物流网点布局，促进产品回收和再制造发展。（国家发展改革委、工业和信息化部、商务部等按职责分工负责）

（六）努力构建全球供应链。

1. 积极融入全球供应链网络。加强交通枢纽、物流通道、信息平台等基础设施建设，推进与"一带一路"沿线国家互联互通。推动国际产能和装备制造合作，推进边境经济合作区、跨境经济合作区、境外经贸合作区建设，鼓励企业深化对外投资合作，设立境外分销和服务网络、物流配送中心、海外仓等，建立本地化的供应链体系。（商务部、国家发展改革委、交通运输部等负责）

2. 提高全球供应链安全水平。鼓励企业建立重要资源和产品全球供应链风险预警系统，利用两个市场两种资源，提高全球供应链风险管理水平。制定和实施国家供应链安全计划，建立全球供应链风险预警评价指标体系，完善全球供应链风险预警机制，提升全球供应链风险防控能力。（国家发展改革委、商务部等按职责分工负责）

3. 参与全球供应链规则制定。依托全球供应链体系，促进不同国家和地区包容共享发展，形成全球利益共同体和命运共同体。在人员流动、资格互认、标准互通、认可认证、知识产权等方面加强与主要贸易国家和"一带一路"沿线国家的磋商与合作，推动建立有利于完善供应链利益联结机制的全球经贸新规则。（商务部、国家发展改革委、人力资源社会保障部、质检总局等负责）

四、保障措施

（一）营造良好的供应链创新与应用政策环境。

鼓励构建以企业为主导、产学研用合作的供应链创新网络，建设跨界交叉领域的创新服务平台，提供技术研发、品牌培育、市场开拓、标准化服务、检验检测认证等服务。鼓励社会资本设立供应链创新产业投资基金，统筹结合现有资金、基金渠道，为企业开展供应链创新与应用提供融资支持。（科技部、工业和信息化部、财政部、商务部、人民银行、质检总局等按职责分工负责）

研究依托国务院相关部门成立供应链专家委员会，建设供应链研究院。鼓励有条件的地方建设供应链科创研发中心。支持建设供应链创新与应用的政府监管、公共服务和信息共享平台，建立行业指数、经济运行、社会预警等指标体系。（科技部、商务部

等按职责分工负责）

研究供应链服务企业在国民经济中的行业分类，理顺行业管理。符合条件的供应链相关企业经认定为国家高新技术企业后，可按规定享受相关优惠政策。符合外贸企业转型升级、服务外包相关政策条件的供应链服务企业，按现行规定享受相应支持政策。（国家发展改革委、科技部、工业和信息化部、财政部、商务部、国家统计局等按职责分工负责）

（二）积极开展供应链创新与应用试点示范。

开展供应链创新与应用示范城市试点，鼓励试点城市制定供应链发展的支持政策，完善本地重点产业供应链体系。培育一批供应链创新与应用示范企业，建设一批跨行业、跨领域的供应链协同、交易和服务示范平台。（商务部、工业和信息化部、农业部、人民银行、银监会等负责）

（三）加强供应链信用和监管服务体系建设。

完善全国信用信息共享平台、国家企业信用信息公示系统和"信用中国"网站，健全政府部门信用信息共享机制，促进商务、海关、质检、工商、银行等部门和机构之间公共数据资源的互联互通。研究利用区块链、人工智能等新兴技术，建立基于供应链的信用评价机制。推进各类供应链平台有机对接，加强对信用评级、信用记录、风险预警、违法失信行为等信息的披露和共享。创新供应链监管机制，整合供应链各环节涉及的市场准入、海关、质检等政策，加强供应链风险管控，促进供应链健康稳定发展。（国家发展改革委、交通运输部、商务部、人民银行、海关总署、税务总局、工商总局、质检总局、食品药品监管总局等按职责分工负责）

（四）推进供应链标准体系建设。

加快制定供应链产品信息、数据采集、指标口径、交换接口、数据交易等关键共性标准，加强行业间数据信息标准的兼容，促进供应链数据高效传输和交互。推动企业提高供应链管理流程标准化水平，推进供应链服务标准化，提高供应链系统集成和资源整合能力。积极参与全球供应链标准制定，推进供应链标准国际化进程。（质检总局、国家发展改革委、工业和信息化部、商务部等负责）

（五）加快培养多层次供应链人才。

支持高等院校和职业学校设置供应链相关专业和课程，培养供应链专业人才。鼓励相关企业和专业机构加强供应链人才培训。创新供应链人才激励机制，加强国际化的人才流动与管理，吸引和聚集世界优秀供应链人才。（教育部、人力资源社会保障部、商务部等按职责分工负责）

（六）加强供应链行业组织建设。

推动供应链行业组织建设供应链公共服务平台,加强行业研究、数据统计、标准制修订和国际交流,提供供应链咨询、人才培训等服务。加强行业自律,促进行业健康有序发展。加强与国外供应链行业组织的交流合作,推动供应链专业资质相互认证,促进我国供应链发展与国际接轨。（国家发展改革委、工业和信息化部、人力资源社会保障部、商务部、质检总局等按职责分工负责）

国务院办公厅

2017 年 10 月 5 日

互联网保险业务监管办法

第一章 总 则

第一条 为规范互联网保险业务,有效防范风险,保护消费者合法权益,提升保险业服务实体经济和社会民生的水平,根据《中华人民共和国保险法》等法律、行政法规,制定本办法。

第二条 本办法所称互联网保险业务,是指保险机构依托互联网订立保险合同、提供保险服务的保险经营活动。

本办法所称保险机构包括保险公司(含相互保险组织和互联网保险公司)和保险中介机构;保险中介机构包括保险代理人(不含个人保险代理人)、保险经纪人、保险公估人;保险代理人(不含个人保险代理人)包括保险专业代理机构、银行类保险兼业代理机构和依法获得保险代理业务许可的互联网企业;保险专业中介机构包括保险专业代理机构、保险经纪人和保险公估人。

本办法所称自营网络平台,是指保险机构为经营互联网保险业务,依法设立的独立运营、享有完整数据权限的网络平台。保险机构分支机构以及与保险机构具有股权、人员等关联关系的非保险机构设立的网络平台,不属于自营网络平台。

本办法所称互联网保险产品,是指保险机构通过互联网销售的保险产品。

第三条 互联网保险业务应由依法设立的保险机构开展,其他机构和个人不得开展互联网保险业务。保险机构开展互联网保险业务,不得超出该机构许可证(备案表)上载明的业务范围。

第四条 保险机构开展互联网保险业务,应符合新发展理念,依法合规,防范风险,以人为本,满足人民群众多层次风险保障需求,不得损害消费者合法权益和社会公共利益。

保险机构开展互联网保险业务,应由总公司集中运营、统一管理,建立统一集中的业务平台、业务流程和管理制度。保险机构应科学评估自身风险管控能力、客户服务能力,合理确定适合互联网经营的保险产品及其销售范围,不能有效管控风险、保障售后服务质量的,不得开展互联网保险销售或保险经纪活动。

保险机构应持续提高互联网保险业务风险防控水平,健全风险监测预警和早期干预机制,保证自营网络平台运营的独立性,在财务、业务、信息系统、客户信息保护等方面与公司股东、实际控制人、公司高级管理人员等关联方实现有效隔离。

第五条 保险机构通过互联网和自助终端设备销售保险产品或提供保险经纪服务,消费者能够通过保险机构自营网络平台的销售页面独立了解产品信息,并能够自主完成投保行为的,适用本办法。

投保人通过保险机构及其从业人员提供的保险产品投保链接自行完成投保的,应同时满足本办法及所属渠道相关监管规定。涉及线上线下融合开展保险销售或保险经纪业务的,其线上和线下经营活动分别适用线上和线下监管规则;无法分开适用监管规则的,同时适用线上和线下监管规则,规则不一致的,坚持合规经营和有利于消费者的原则。

第六条 中国银行保险监督管理委员会(以下简称银保监会)及其派出机构依法对互联网保险业务实施监督管理。

第二章 基本业务规则

第一节 业务条件

第七条 开展互联网保险业务的保险机构及其自营网络平台应具备以下条件:

(一)服务接入地在中华人民共和国境内。自营网络平台是网站或移动应用程序(App)的,应依法向互联网行业管理部门履行互联网信息服务备案手续、取得备案编号。自营网络平台不是网站或移动应用程序(App)的,应符合相关法律法规的规定和相关行业主管部门的资质要求。

(二)具有支持互联网保险业务运营的信息管理系统和核心业务系统,并与保险机构其他无关的信息系统有效隔离。

(三)具有完善的网络安全监测、信息通报、应急处置工作机制,以及完善的边界防护、入侵检测、数据保护、灾难恢复等网络安全防护手段。

(四)贯彻落实国家网络安全等级保护制度,开展网络安全定级备案,定期开展等级保护测评,落实相应等级的安全保护措施。对于具有保险销售或投保功能的自营网络平台,以及支持该自营网络平台运营的信息管理系统和核心业务系统,相关自营网络平台和信息系统的安全保护等级应不低于三级;对于不具有保险销售和投保功能的自营网络平台,以及支持该自营网络平台运营的信息管理系统和核心业务系统,相关自营网络平台和信息系统的安全保护等级应不低于二级。

（五）具有合法合规的营销模式，建立满足互联网保险经营需求、符合互联网保险用户特点、支持业务覆盖区域的运营和服务体系。

（六）建立或明确互联网保险业务管理部门，并配备相应的专业人员，指定一名高级管理人员担任互联网保险业务负责人，明确各自营网络平台负责人。

（七）具有健全的互联网保险业务管理制度和操作规程。

（八）保险公司开展互联网保险销售，应符合银保监会关于偿付能力、消费者权益保护监管评价等相关规定。

（九）保险专业中介机构应是全国性机构，经营区域不限于总公司营业执照登记注册地所在省（自治区、直辖市、计划单列市），并符合银保监会关于保险专业中介机构分类监管的相关规定。

（十）银保监会规定的其他条件。

第八条　保险机构不满足本办法第七条规定的，应立即停止通过互联网销售保险产品或提供保险经纪服务，并在官方网站和自营网络平台发布公告。保险机构经整改后满足本办法第七条规定的，可恢复开展相关互联网保险业务。保险机构拟自行停止自营网络平台业务经营的，应至少提前20个工作日在官方网站和自营网络平台发布公告。涉及债权债务处置的，应一并进行公告。

第九条　保险公司开展互联网保险销售，应在满足本办法规定的前提下，优先选择形态简单、条款简洁、责任清晰、可有效保障售后服务的保险产品，并充分考虑投保的便利性、风控的有效性、理赔的及时性。

保险公司开发互联网保险产品应符合风险保障本质、遵循保险基本原理、符合互联网经济特点，并满足银保监会关于保险产品开发的相关监管规定，做到产品定价合理、公平和充足。不得违背公序良俗、不得进行噱头炒作、不得损害消费者合法权益和社会公共利益，不得危及公司偿付能力和财务稳健。

第十条　银保监会可根据互联网保险业务发展阶段、不同保险产品的服务保障需要，规定保险机构通过互联网销售或提供保险经纪服务的险种范围和相关条件。

第二节　销售管理

第十一条　保险机构开展互联网保险业务，应加强销售管理，充分进行信息披露，规范营销宣传行为，优化销售流程，保护消费者合法权益。

第十二条　开展互联网保险业务的保险机构应建立官方网站，参照《保险公司信息披露管理办法》相关规定，设置互联网保险栏目进行信息披露，披露内容包括但不限于：

（一）营业执照、经营保险业务相关许可证（备案表）。

（二）自营网络平台的名称、网址，以及在中国保险行业协会官方网站上的信息披露访问链接。

（三）一年来综合偿付能力充足率、风险综合评级、消费者权益保护监管评价等相关监管评价信息，银保监会另有规定的从其规定。

（四）保险机构之间开展合作的，各保险机构应分别披露合作机构名称、业务合作范围及合作起止时间。

（五）互联网保险产品名称、产品信息（或链接），产品信息包括条款、审批类产品的批复文号、备案类产品的备案编号或产品注册号、报备文件编号或条款编码。

（六）互联网保险产品及保单的查询和验真途径。

（七）省级分支机构和落地服务机构的名称、办公地址、电话号码等。

（八）理赔、保全等客户服务及投诉渠道，相关联系方式。

（九）本办法第八条规定的经营变化情况。

（十）银保监会规定的其他内容。

第十三条　保险机构应在开展互联网保险业务的自营网络平台显著位置，列明以下信息：

（一）保险产品承保公司设有省级分支机构和落地服务机构的省（自治区、直辖市、计划单列市）清单。

（二）保险产品承保公司全国统一的客户服务及投诉方式，包括客服电话、在线服务访问方式、理赔争议处理机制和工作流程等。

（三）投保咨询方式、保单查询方式。

（四）针对消费者个人信息、投保交易信息和交易安全的保障措施。

（五）自营网络平台在中国保险行业协会官方网站上的信息披露访问链接。

（六）本办法第八条规定的经营变化情况。

（七）银保监会规定的其他内容。

第十四条　互联网保险产品的销售或详情展示页面上应包括以下内容：

（一）保险产品名称（条款名称和宣传名称），审批类产品的批复文号，备案类产品的备案编号或产品注册号，以及报备文件编号或条款编码。

（二）保险条款和保费（或链接），应突出提示和说明免除保险公司责任的条款，并以适当的方式突出提示理赔条件和流程，以及保险合同中的犹豫期、等待期、费用扣除、退保损失、保单现金价值等重点内容。

（三）保险产品为投连险、万能险等人身保险新型产品的，应按照银保监会关于新型产品信息披露的相关规定，清晰标明相关信息，用不小于产品名称字号的黑体字标注保单利益具有不确定性。

（四）投保人的如实告知义务，以及违反义务的后果。

（五）能否实现全流程线上服务的情况说明，以及因保险机构在消费者或保险标的所在地无分支机构而可能存在的服务不到位等问题的提示。

（六）保费的支付方式，以及保险单证、保费发票等凭证的送达方式。

（七）其他直接影响消费者权益和购买决策的事项。

第十五条　本办法所称互联网保险营销宣传，是指保险机构通过网站、网页、互联网应用程序等互联网媒介，以文字、图片、音频、视频或其他形式，就保险产品或保险服务进行商业宣传推广的活动。保险机构开展互联网保险营销宣传活动应符合《中华人民共和国广告法》、金融营销宣传以及银保监会相关规定。

保险机构应加强互联网保险营销宣传管理：

（一）保险机构应建立从业人员互联网保险营销宣传的资质、培训、内容审核和行为管理制度。

（二）保险机构应从严、精细管控所属从业人员互联网保险营销宣传活动，提高从业人员的诚信和专业水平。保险机构应对从业人员发布的互联网保险营销宣传内容进行监测检查，发现问题及时处置。

（三）保险机构从业人员应在保险机构授权范围内开展互联网保险营销宣传。从业人员发布的互联网保险营销宣传内容，应由所属保险机构统一制作，并在显著位置标明所属保险机构全称及个人姓名、执业证编号等信息。

（四）开展互联网保险营销宣传活动应遵循清晰准确、通俗易懂、符合社会公序良俗的原则，不得进行不实陈述或误导性描述，不得片面比较保险产品价格和简单排名，不得与其他非保险产品和服务混淆，不得片面或夸大宣传，不得违规承诺收益或承诺承担损失。

（五）互联网保险营销宣传内容应与保险合同条款保持一致，不得误导性解读监管政策，不得使用或变相使用监管机构及其工作人员的名义或形象进行商业宣传。

（六）互联网保险营销宣传页面应明确标识产品为保险产品，标明保险产品全称、承保保险公司全称以及提供销售或经纪服务的保险中介机构全称；应用准确的语言描述产品的主要功能和特点，突出说明容易引发歧义或消费者容易忽视的内容。

（七）保险机构及其从业人员应慎重向消费者发送互联网保险产品信息。消费者明确表示拒绝接收的,不得向其发送互联网保险产品信息。

（八）保险机构应对本机构及所属从业人员互联网保险营销宣传承担合规管理的主体责任。

第十六条　保险机构应通过其自营网络平台或其他保险机构的自营网络平台销售互联网保险产品或提供保险经纪、保险公估服务,投保页面须属于保险机构自营网络平台。政府部门为了公共利益需要,要求投保人在政府规定的网络平台完成投保信息录入的除外。

第十七条　保险机构应提高互联网保险产品销售的针对性,采取必要手段识别消费者的保险保障需求和消费能力,把合适的保险产品提供给消费者,并通过以下方式保障消费者的知情权和自主选择权：

（一）充分告知消费者售后服务能否全流程线上实现,以及保险机构因在消费者或保险标的所在地无分支机构而可能存在的服务不到位等问题。

（二）通过互联网销售投连险、万能险等人身保险新型产品或提供相关保险经纪服务的,应建立健全投保人风险承受能力评估及业务管理制度,向消费者做好风险提示。

（三）提供有效的售前在线咨询服务,帮助消费者客观、及时了解保险产品和服务信息。

（四）通过问卷、问询等方式有效提示消费者履行如实告知义务,提示消费者告知不准确可能带来的法律责任,不得诱导消费者隐瞒真实健康状况等实际情况。

（五）在销售流程的各个环节以清晰、简洁的方式保障消费者实现真实的购买意愿,不得采取默认勾选、限制取消自动扣费功能等方式剥夺消费者自主选择的权利。

第十八条　保险机构核保使用的数据信息应做到来源及使用方式合法。保险机构应丰富数据信息来源,深化技术应用,加强保险细分领域风险因素分析,不断完善核保模型,提高识别筛查能力,加强承保风险控制。

第十九条　保险公司通过自营网络平台开展互联网保险业务的,应通过自有保费收入专用账户直接收取投保人交付的保费;与保险中介机构合作开展互联网保险业务的,可通过该保险中介机构的保费收入专用账户代收保费。保费收入专用账户包括保险机构依法在商业银行及第三方支付平台开设的专用账户。

第二十条　保险机构开展互联网保险业务,可通过互联网、电话等多种方式开展回访工作,回访时应验证客户身份,保障客户投保后及时完整知悉合同主要内容。保险机构开展电子化回访应遵循银保监会相关规定。

第二十一条 保险机构通过互联网销售可以续保的保险产品或提供相关保险经纪服务的，应保障客户的续保权益，为其提供线上的续保或终止续保的途径，未经客户同意不得自动续保。

第二十二条 保险机构开展互联网保险业务，应向客户提供保单和发票，可优先提供电子保单和电子发票。采用纸质保单的，保险公司或合作的保险中介机构应以适当方式将保单送达客户。采用电子保单的，保险公司或合作的保险中介机构应向客户说明，并向客户提供可查询、下载电子保单的自营网络平台或行业统一查验平台的访问方式。

第二十三条 非保险机构不得开展互联网保险业务，包括但不限于以下商业行为：

（一）提供保险产品咨询服务。

（二）比较保险产品、保费试算、报价比价。

（三）为投保人设计投保方案。

（四）代办投保手续。

（五）代收保费。

第三节 服务管理

第二十四条 保险公司应建立健全在线核保、批改、保全、退保、理赔和投诉处理等全流程服务体系，加强互联网保险业务的服务过程管理和服务质量管理，并根据客户评价、投诉等情况，审视经营中存在的问题，及时改进产品管理，优化服务流程。服务水平无法达到本办法要求的，保险公司应主动限制互联网保险业务的险种和区域。

保险中介机构与保险公司合作，或接受保险公司委托，开展互联网保险相关业务活动的，应参照本办法关于保险公司的业务规则执行。

第二十五条 保险公司应在自营网络平台设立统一集中的客户服务业务办理入口，提升线上服务能力，与线下服务有机融合，并提供必要的人工辅助，保障客户获得及时有效的服务。

第二十六条 对于部分无法在线完成核保、保全、理赔等保险业务活动的，保险公司应通过本公司分支机构或线下合作机构做好落地服务，销售时应明确告知投保人相关情况。线下合作机构应是其他保险机构及其分支机构，包括区域性保险专业中介机构。对于完全无法在线完成批改、保全、退保、理赔等保险业务活动的，保险公司不得经营相关互联网保险产品。

保险公司委托其他合作机构提供技术支持和客户服务的，应建立委托合作全流程管理制度,审慎选择合作机构,进行有效的监测监督。

第二十七条　保险公司应不断加强互联网保险售后服务的标准化、规范化、透明化建设:

(一)在自营网络平台明示业务办理流程和客户权利义务,一次性告知业务办理所需材料清单,明确承诺服务时限。

(二)提供包含电话服务、在线服务在内的两种及以上服务方式。

(三)提供客户自助查询服务,及时向客户展示告知处理进程、处理依据、预估进展、处理结果。涉及保费、保险金、退保金等资金收付的,应说明资金的支付方式,以及资金额度基于保费、保险金额或现金价值的计算方法。

(四)提升销售和服务的透明化水平,可在自营网络平台提供消费者在线评价功能,为消费者提供消费参考信息。

第二十八条　保险公司为互联网保险客户提供保单批改和保全服务的,应识别、确认客户身份的真实性和合法性。对于线上变更受益人的请求,保险公司应确认该项业务已取得被保险人的同意。

第二十九条　保险公司应保障客户退保权益,不得隐藏相关业务的办理入口,不得阻碍或限制客户退保。

第三十条　保险公司为互联网保险客户提供查勘理赔服务的,应建立包括客户报案、查勘理赔、争议处理等环节在内的系统化工作流程,实现查勘理赔服务闭环完整。参与查勘理赔的各类机构和人员应做好工作衔接,做到响应及时准确、流程简捷流畅。

第三十一条　保险公司应建立健全理赔争议处理机制和工作流程,及时向客户说明理赔决定、原因依据和争议处理办法,探索多元纠纷解决机制,跟踪做好争议处理工作。

第三十二条　保险公司应建立完整的客户投诉处理流程,建设独立于销售、理赔等业务的专职处理互联网保险客户投诉的人员队伍。对于银保监会及其派出机构、相关行业组织、消费者权益保护组织、新闻媒体等转送的互联网保险业务投诉,保险公司应建立有效的转接管理制度,纳入互联网保险客户投诉处理流程。

第四节　运营管理

第三十三条　保险机构应采用有效技术手段对投保人身份信息的真实性进行验证,应完整记录和保存互联网保险主要业务过程,包括:产品销售页面的内容信息、投保人操作轨迹、保全理赔及投诉服务记录等,做到销售和服务等主要行为信息不可篡改并全流程可回溯。互联网保险业务可回溯管理的具体规则,由银保监会另行制定。

第三十四条　保险公司与保险中介机构合作开展互联网保险业务的,应审慎选择符合本办法规定、具有相应经营能力的保险中介机构,做好服务衔接、数据同步和信息共享。保险公司应与保险中介机构签订合作或委托协议,确定合作和委托范围,明确双方权利义务,约定不得限制对方获取客户信息等保险合同订立的必要信息。

第三十五条　保险机构授权在本机构执业的保险销售、保险经纪从业人员为互联网保险业务开展营销宣传、产品咨询的,应在其劳动合同或委托协议中约定双方的权利义务,并按照相关监管规定对其进行执业登记和管理,标识其从事互联网保险业务的资质以供公众查询。保险机构对所属从业人员的互联网保险业务行为依法承担责任。保险机构在互联网保险销售或经纪活动中,不得向未在本机构进行执业登记的人员支付或变相支付佣金及劳动报酬。

第三十六条　保险公司向保险中介机构支付相关费用,或保险机构向提供技术支持、客户服务等服务的合作机构支付相关费用,应按照合作协议约定的费用种类和标准,由总公司或其授权的省级分支机构通过银行或合法第三方支付平台转账支付,不得以现金形式进行结算。保险机构不得直接或间接给予合作协议约定以外的其他利益。

第三十七条　保险机构应严格按照网络安全相关法律法规,建立完善与互联网保险业务发展相适应的信息技术基础设施和安全保障体系,提升信息化和网络安全保障能力:

(一)按照国家相关标准要求,采取边界防护、入侵检测、数据保护以及灾难恢复等技术手段,加强信息系统和业务数据的安全管理。

(二)制定网络安全应急预案,定期开展应急演练,建立快速应急响应机制,开展网络安全实时监测,发现问题后立即采取防范和处置措施,并按照银行业保险业突发事件报告、应对相关规定及时向负责日常监管的银保监会或其派出机构、当地公安网安部门报告。

(三)对提供技术支持和客户服务的合作机构加强合规管理,督促其保障服务质量和网络安全,其相关信息系统至少应获得网络安全等级保护二级认证。

(四)防范假冒网站、假冒互联网应用程序等与互联网保险业务相关的违法犯罪活动,开辟专门渠道接受公众举报。

第三十八条　保险机构应承担客户信息保护的主体责任,收集、处理及使用个人信息应遵循合法、正当、必要的原则,保证信息收集、处理及使用的安全性和合法性:

(一)建立客户信息保护制度,明确数据安全责任人,构建覆盖全生命周期的客户信息保护体系,防范信息泄露。

（二）督促提供技术支持、客户服务等服务的合作机构建立有效的客户信息保护制度,在合作协议中明确约定客户信息保护责任,保障客户信息安全,明确约定合作机构不得限制保险机构获取客户投保信息,不得限制保险机构获取能够验证客户真实身份的相关信息。

（三）保险机构收集、处理及使用个人信息,应征得客户同意,获得客户授权。未经客户同意或授权,保险机构不得将客户信息用于所提供保险服务之外的用途,法律法规另有规定的除外。

第三十九条　保险机构应制定互联网保险业务经营中断应急处置预案。因突发事件、政策变化等原因导致互联网保险业务经营中断的,保险机构应在官方网站和自营网络平台及时发布公告,说明原因及后续处理方式,并按照银行业保险业突发事件报告、应对相关规定及时向负责日常监管的银保监会或其派出机构报告。

第四十条　保险机构应建立健全反洗钱内部控制制度、客户尽职调查制度、客户身份资料和交易记录保存制度、大额交易和可疑交易报告制度,履行《中华人民共和国反洗钱法》规定的反洗钱义务。

保险机构原则上应要求投保人使用本人账户支付保费。退保时保费应退还至原交费账户或投保人本人其他账户。保险金应支付到被保险人账户、受益人账户或保险合同约定的其他账户。保险机构应核对投保人账户信息的真实性。

第四十一条　保险机构应建立健全互联网保险业务反欺诈制度,加强对互联网保险欺诈的监控和报告,及时有效处置欺诈案件。保险机构应积极参与风险信息共享的行业协同机制,提高风险识别和反欺诈能力。

第四十二条　保险机构停止经营互联网保险相关业务的,应采取妥善措施做好存续业务的售后服务,有效保护客户合法权益。

第四十三条　保险机构应开展互联网保险业务舆情监测,积极做好舆情沟通,回应消费者和公众关切,及时有效处理因消费争议和纠纷产生的网络舆情。

第三章　特别业务规则

第一节　互联网保险公司

第四十四条　本办法所称互联网保险公司是指银保监会为促进保险业务与互联网、大数据等新技术融合创新,专门批准设立并依法登记注册,不设分支机构,在全国范围内专门开展互联网保险业务的保险公司。

第四十五条　互联网保险公司应提高线上全流程服务能力,提升线上服务体验和效率;应在自营网络平台设立统一集中的互联网保险销售和客户服务业务办理入口,提供销售、批改、保全、退保、报案、理赔和投诉等线上服务,与线下服务有机融合,向消费者提供及时有效的服务。

第四十六条　互联网保险公司应积极开发符合互联网经济特点、服务多元化保障需求的保险产品。产品开发应具备定价基础,符合精算原理,满足场景所需,让保险与场景、技术合理融合,充分考虑投保的便利性、风控的有效性、理赔的及时性。互联网保险公司应加强对产品开发、销售渠道和运营成本的管控,做到产品定价合理、公平和充足,保障稳健可持续经营。

第四十七条　互联网保险公司不得线下销售保险产品,不得通过其他保险机构线下销售保险产品。

第四十八条　互联网保险公司应不断提高互联网保险业务风险防控水平,健全风险监测预警和早期干预机制,运用数据挖掘、机器学习等技术提高风险识别和处置能力。

互联网保险公司应建立完善与互联网保险业务发展相适应的信息技术基础设施和安全保障体系,提升信息化能力,保障信息系统和相关基础设施安全稳定运行,有效防范、控制和化解信息技术风险。

第四十九条　互联网保险公司应指定高级管理人员分管投诉处理工作,设立专门的投诉管理部门和岗位,对投诉情况进行分析研究,协同公司产品开发、业务管理、运营管理等部门进行改进,完善消费者权益保护工作。

互联网保险公司应根据业务特点建立售后服务快速反应工作机制,对于投诉率异常增长的业务,应集中力量应对,及时妥善处理。

第二节　保险公司

第五十条　本节所称保险公司,是指互联网保险公司之外的保险公司。

保险公司应优化业务模式和服务体系,推动互联网、大数据等新技术向保险业务领域渗透,提升运营效率,改善消费体验;应为互联网保险业务配置充足的服务资源,保障与产品特点、业务规模相适应的后续服务能力。

第五十一条　保险公司总公司应对互联网保险业务实行统一、垂直管理。

保险公司总公司可将合作机构拓展、营销宣传、客户服务、投诉处理等相关业务授权省级分支机构开展。经总公司同意,省级分支机构可将营销宣传、客户服务和投诉处理相关工作授权下级分支机构开展。总公司、分支机构依法承担相应的法律责任。

第五十二条　经营财产保险业务的保险公司在具有相应内控管理能力且能满足客户落地服务需求的情况下,可将相关财产保险产品的经营区域拓展至未设立分公司的省(自治区、直辖市、计划单列市),具体由银保监会另行规定。

经营人身保险业务的保险公司在满足相关条件的基础上,可在全国范围内通过互联网经营相关人身保险产品,具体由银保监会另行规定。不满足相关条件的,不得通过互联网经营相关人身保险产品。

第五十三条　保险公司分支机构可在上级机构授权范围内为互联网保险业务提供查勘理赔、批改保全、医疗协助、退保及投诉处理等属地化服务。保险公司应为分支机构开展属地化服务建立明确的工作流程和制度,在保证服务时效和服务质量的前提下,提供该类服务可不受经营区域的限制。

第五十四条　保险公司开展互联网保险业务,应结合公司发展战略,做好互联网与其他渠道融合和联动,充分发挥不同销售渠道优势,提升业务可获得性和服务便利性,做好经营环节、人员职责和业务数据等方面的有效衔接,提高消费者享有的服务水平。

第五十五条　保险公司开展互联网保险业务核算统计,应将通过直销、专业代理、经纪、兼业代理等销售渠道开展的互联网保险业务,计入该销售渠道的线上业务部分,并将各销售渠道线上业务部分进行汇总,反映本公司的互联网保险业务经营成果。

第三节　保险中介机构

第五十六条　保险中介机构应从消费者实际保险需求出发,立足角色独立、贴近市场的优势,积极运用新技术,提升保险销售和服务能力,帮助消费者选择合适的保险产品和保险服务。保险中介机构应配合保险公司开展互联网保险业务合规管理工作。

保险中介机构应对互联网保险业务实行统一、垂直管理,具体要求参照本办法第五十一条、第五十三条规定。

第五十七条　保险中介机构应立足经济社会发展和民生需要,选择经营稳健、能保障服务质量的保险公司进行合作,并建立互联网保险产品筛选机制,选择符合消费者需求和互联网特点的保险产品进行销售或提供保险经纪服务。

第五十八条　保险中介机构开展互联网保险业务,经营险种不得突破承保公司的险种范围和经营区域,业务范围不得超出合作或委托协议约定的范围。

第五十九条　保险中介机构及其自营网络平台在使用简称时应清晰标识所属行业细分类别,不得使用"XX保险"或"XX保险平台"等容易混淆行业类别的字样或宣传用语。为保险机构提供技术支持、客户服务的合作机构参照执行。

第六十条 保险中介机构应在自营网络平台设立统一集中的客户服务专栏,提供服务入口或披露承保公司服务渠道,保障客户获得及时有效的服务。保险中介机构销售互联网保险产品、提供保险经纪服务和保险公估服务的,应在自营网络平台展示客户告知书。

第六十一条 保险专业中介机构将互联网保险业务转委托给其他保险中介机构开展的,应征得委托人同意,并充分向消费者进行披露。受托保险中介机构应符合本办法规定的条件。

保险经纪人、保险公估人接受消费者委托,为消费者提供互联网保险相关服务的,应签订委托合同,明确约定权利义务和服务项目,履行受托职责,提升受托服务意识和专业服务能力。

第六十二条 保险中介机构可积极运用互联网、大数据等技术手段,提高风险识别和业务运营能力,完善管理制度,与保险公司的运营服务相互补充,共同服务消费者。保险中介机构可发挥自身优势,建立完善相关保险领域数据库,创新数据应用,积极开展风险管理、健康管理、案件调查、防灾减损等服务。

第六十三条 保险中介机构开展互联网保险业务,应在有效隔离、风险可控的前提下,与保险公司系统互通、业务互联、数据对接。保险中介机构之间可依托互联网等技术手段加强协同合作,促进资源共享和优势互补,降低运营成本,提高服务效率和服务质量。

第六十四条 银行类保险兼业代理机构销售互联网保险产品应满足以下要求:

(一)通过电子银行业务平台销售。

(二)符合银保监会关于电子银行业务经营区域的监管规定。地方法人银行开展互联网保险业务,应主要服务于在实体经营网点开户的客户,原则上不得在未开设分支机构的省(自治区、直辖市、计划单列市)开展业务。无实体经营网点、业务主要在线上开展,且符合银保监会规定的其他条件的银行除外。

(三)银行类保险兼业代理机构及其销售从业人员不得将互联网保险业务转委托给其他机构或个人。

第四节 互联网企业代理保险业务

第六十五条 互联网企业代理保险业务是指互联网企业利用符合本办法规定的自营网络平台代理销售互联网保险产品、提供保险服务的经营活动。

互联网企业代理保险业务应获得经营保险代理业务许可。

第六十六条 互联网企业代理保险业务应满足以下要求:

（一）具有较强的合规管理能力，能够有效防范化解风险，保障互联网保险业务持续稳健运营。

（二）具有突出的场景、流量和广泛触达消费者的优势，能够将场景流量与保险需求有机结合，有效满足消费者风险保障需求。

（三）具有系统的消费者权益保护制度和工作机制，能够不断改善消费体验，提高服务质量。

（四）具有敏捷完善的应急响应制度和工作机制，能够快速应对各类突发事件。

（五）具有熟悉保险业务的专业人员队伍。

（六）具有较强的信息技术实力，能够有效保护数据信息安全，保障信息系统高效、持续、稳定运行。

（七）银保监会规定的其他要求。

第六十七条　互联网企业代理保险业务，应明确高级管理人员负责管理，建立科学有效的管理制度和工作流程，实现互联网保险业务独立运营。

第六十八条　互联网企业可根据保险公司或保险专业中介机构委托代理保险业务，不得将互联网保险业务转委托给其他机构或个人。

互联网企业根据保险公司和保险专业中介机构委托代理保险业务的，应审慎选择符合本办法规定、具有相应经营能力的保险机构，签订委托协议，确定委托范围，明确双方权利义务。

第六十九条　互联网企业代理保险业务，应参照本办法第四十九条，建立互联网保险售后服务快速反应工作机制，增强服务能力。

第七十条　互联网企业代理保险业务，应进行有效的业务隔离：

（一）规范开展营销宣传，清晰提示保险产品与其他产品和服务的区别。

（二）建立支持互联网保险业务运营的信息管理系统和核心业务系统，并与其他无关的信息系统有效隔离。

（三）具有完善的边界防护、入侵检测、数据保护以及灾难恢复等网络安全防护手段和管理体系。

（四）符合银保监会规定的其他要求。

第四章　监督管理

第七十一条　银保监会在有效防范市场风险的基础上，创新监管理念和方式，落实审慎监管要求，推动建立健全适应互联网保险业务发展特点的新型监管机制，对同类业务、同类主体一视同仁,严厉打击非法经营活动,着力营造公平有序的市场环境,促进互联网保险业务规范健康发展。

第七十二条 银保监会统筹负责互联网保险业务监管制度制定,银保监会及其派出机构按照关于保险机构的监管分工实施互联网保险业务日常监测与监管。

对互联网保险业务的投诉或举报,由投诉人或举报人经常居住地的银保监局依据相关规定进行处理。投诉举报事项涉及多地的,其他相关银保监局配合,有争议的由银保监会指定银保监局承办。

银保监局可授权下级派出机构开展互联网保险业务相关监管工作。

第七十三条 银保监会建设互联网保险监管相关信息系统,开展平台管理、数据信息报送、业务统计、监测分析、监管信息共享等工作,提高监管的及时性、有效性和针对性。

第七十四条 保险机构开展互联网保险业务,应将自营网络平台、互联网保险产品、合作销售渠道等信息以及相关变更情况报送至互联网保险监管相关信息系统。

保险机构应于每年4月30日前向互联网保险监管相关信息系统报送上一年度互联网保险业务经营情况报告。报告内容包括但不限于:业务基本情况、营销模式、相关机构(含技术支持、客户服务机构)合作情况、网络安全建设、消费者权益保护和投诉处理、信息系统运行和故障情况、合规经营和外部合规审计情况等。保险机构总经理和互联网保险业务负责人应在报告上签字,并对报告内容的真实性和完整性负责。

保险机构应按照银保监会相关规定定期报送互联网保险业务监管数据和监管报表。

第七十五条 中国保险行业协会对互联网保险业务进行自律管理,开展保险机构互联网保险业务信息披露相关管理工作。

保险机构应通过中国保险行业协会官方网站的互联网保险信息披露专栏,对自营网络平台、互联网保险产品、合作销售渠道等信息及时进行披露,便于社会公众查询和监督。

第七十六条 银保监会及其派出机构发现保险机构不满足本办法第七条规定的经营条件的,或存在经营异常、经营风险的,或因售后服务保障不到位等问题而引发投诉率较高的,可责令保险机构限期改正;逾期未改正,或经营严重危害保险机构稳健运行,损害投保人、被保险人或受益人合法权益的,可依法采取相应监管措施。保险机构整改后,应向银保监会或其派出机构提交整改报告。

第七十七条　保险机构及其从业人员违反本办法相关规定,银保监会及其派出机构应依法采取监管措施或实施行政处罚。

第五章　附则

第七十八条　保险机构对于通过非互联网渠道订立的保险合同开展线上营销宣传和线上售后服务的,以及通过互联网优化业务模式和业务形态的,参照本办法执行。

再保险业务及再保险经纪业务不适用本办法。

第七十九条　保险机构通过自营网络平台销售其他非保险产品或提供相关服务的,应符合银保监会相关规定,并与互联网保险业务有效隔离。保险机构不得在自营网络平台销售未经金融监管部门批准的非保险金融产品。

第八十条　银保监会根据互联网保险业务发展情况和风险状况,适时出台配套文件,细化、调整监管规定,推进互联网保险监管长效化、系统化、制度化。

第八十一条　保险机构应依据本办法规定对照整改,在本办法施行之日起 3 个月内完成制度建设、营销宣传、销售管理、信息披露等问题整改,6 个月内完成业务和经营等其他问题整改,12 个月内完成自营网络平台网络安全等级保护认证。

第八十二条　本办法自 2021 年 2 月 1 日起施行,《互联网保险业务监管暂行办法》(保监发〔2015〕69 号)同时废止。

第八十三条　本办法由银保监会负责解释和修订。

商业银行互联网贷款管理暂行办法

第一章　总　则

第一条　为规范商业银行互联网贷款业务经营行为,促进互联网贷款业务健康发展,依据《中华人民共和国银行业监督管理法》《中华人民共和国商业银行法》等法律法规,制定本办法。

第二条　中华人民共和国境内依法设立的商业银行经营互联网贷款业务,应遵守本办法。

第三条　本办法所称互联网贷款,是指商业银行运用互联网和移动通信等信息通信技术,基于风险数据和风险模型进行交叉验证和风险管理,线上自动受理贷款申请及开展风险评估,并完成授信审批、合同签订、贷款支付、贷后管理等核心业务环节操作,为符合条件的借款人提供的用于消费、日常生产经营周转等的个人贷款和流动资金贷款。

第四条　本办法所称风险数据,是指商业银行在对借款人进行身份确认,以及贷款风险识别、分析、评价、监测、预警和处置等环节收集、使用的各类内外部数据。

本办法所称风险模型,是指应用于互联网贷款业务全流程的各类模型,包括但不限于身份认证模型、反欺诈模型、反洗钱模型、合规模型、风险评价模型、风险定价模型、授信审批模型、风险预警模型、贷款清收模型等。

本办法所称合作机构,是指在互联网贷款业务中,与商业银行在营销获客、共同出资发放贷款、支付结算、风险分担、信息科技、逾期清收等方面开展合作的各类机构,包括但不限于银行业金融机构、保险公司等金融机构和小额贷款公司、融资担保公司、电子商务公司、非银行支付机构、信息科技公司等非金融机构。

第五条　下列贷款不适用本办法:

(一)借款人虽在线上进行贷款申请等操作,商业银行线下或主要通过线下进行贷前调查、风险评估和授信审批,贷款授信核心判断来源于线下的贷款;

(二)商业银行发放的抵质押贷款,且押品需进行线下或主要经过线下评估登记和交付保管；

（三）中国银行保险监督管理委员会规定的其他贷款。

上述贷款适用其他相关监管规定。

第六条 互联网贷款应当遵循小额、短期、高效和风险可控的原则。

单户用于消费的个人信用贷款授信额度应当不超过人民币 20 万元，到期一次性还本的，授信期限不超过一年。中国银行保险监督管理委员会可以根据商业银行的经营管理情况、风险水平和互联网贷款业务开展情况等对上述额度进行调整。商业银行应在上述规定额度内，根据本行客群特征、客群消费场景等，制定差异化授信额度。

商业银行应根据自身风险管理能力，按照互联网贷款的区域、行业、品种等，确定单户用于生产经营的个人贷款和流动资金贷款授信额度上限。对期限超过一年的上述贷款，至少每年对该笔贷款对应的授信进行重新评估和审批。

第七条 商业银行应当根据其市场定位和发展战略，制定符合自身特点的互联网贷款业务规划。涉及合作机构的，应当明确合作方式。

第八条 商业银行应当对互联网贷款业务实行统一管理，将互联网贷款业务纳入全面风险管理体系，建立健全适应互联网贷款业务特点的风险治理架构、风险管理政策和程序、内部控制和审计体系，有效识别、评估、监测和控制互联网贷款业务风险，确保互联网贷款业务发展与自身风险偏好、风险管理能力相适应。

互联网贷款业务涉及合作机构的，授信审批、合同签订等核心风控环节应当由商业银行独立有效开展。

第九条 地方法人银行开展互联网贷款业务，应主要服务于当地客户，审慎开展跨注册地辖区业务，有效识别和监测跨注册地辖区业务开展情况。无实体经营网点，业务主要在线上开展，且符合中国银行保险监督管理委员会其他规定条件的除外。

在外省（自治区、直辖市）设立分支机构的，对分支机构所在地行政区域内客户开展的业务，不属于前款所称跨注册地辖区业务。

第十条 商业银行应当建立健全借款人权益保护机制，完善消费者权益保护内部考核体系，切实承担借款人数据保护的主体责任，加强借款人隐私数据保护，构建安全有效的业务咨询和投诉处理渠道，确保借款人享有不低于线下贷款业务的相应服务，将消费者保护要求嵌入互联网贷款业务全流程管理体系。

第十一条 中国银行保险监督管理委员会及其派出机构（以下简称银行业监督管理机构）依照本办法对商业银行互联网贷款业务实施监督管理。

第二章 风险管理体系

第十二条 商业银行应当建立健全互联网贷款风险治理架构,明确董事会和高级管理层对互联网贷款风险管理的职责,建立考核和问责机制。

第十三条 商业银行董事会承担互联网贷款风险管理的最终责任,应当履行以下职责:

(一)审议批准互联网贷款业务规划、合作机构管理政策以及跨区域经营管理政策;

(二)审议批准互联网贷款风险管理制度;

(三)监督高级管理层对互联网贷款风险实施管理和控制;

(四)定期获取互联网贷款业务评估报告,及时了解互联网贷款业务经营管理、风险水平、消费者保护等情况;

(五)其他有关职责。

第十四条 商业银行高级管理层应当履行以下职责:

(一)确定互联网贷款经营管理架构,明确各部门职责分工;

(二)制定、评估和监督执行互联网贷款业务规划、风险管理政策和程序,合作机构管理政策和程序以及跨区域经营管理政策;

(三)制定互联网贷款业务的风险管控指标,包括但不限于互联网贷款限额、与合作机构共同出资发放贷款的限额及出资比例、合作机构集中度、不良贷款率等;

(四)建立互联网贷款业务的风险管理机制,持续有效监测、控制和报告各类风险,及时应对风险事件;

(五)充分了解并定期评估互联网贷款业务发展情况、风险水平及管理状况、消费者保护情况,及时了解其重大变化,并向董事会定期报告;

(六)其他有关职责。

第十五条 商业银行应当确保具有足够的资源,独立、有效开展互联网贷款风险管理,确保董事会和高级管理层能及时知悉风险状况,准确理解风险数据和风险模型的作用与局限。

第十六条 商业银行互联网贷款风险管理制度应当涵盖营销、调查、授信、签约、放款、支付、跟踪、收回等贷款业务全流程。

第十七条 商业银行应当通过合法渠道和方式获取目标客户数据,开展贷款营销,并充分评估目标客户的资金需求、还款意愿和还款能力。商业银行应当在贷款申请流程中,加入强制阅读贷款合同环节,并设置合理的阅读时间限制。

商业银行自身或通过合作机构向目标客户推介互联网贷款产品时,应当在醒目位置充分披露贷款主体、贷款条件、实际年利率、年化综合资金成本、还本付息安排、逾期清收、咨询投诉渠道和违约责任等基本信息,保障客户的知情权和自主选择权,不得采取默认勾选、强制捆绑销售等方式剥夺消费者意愿表达的权利。

第十八条　商业银行应当按照反洗钱和反恐怖融资等要求,通过构建身份认证模型,采取联网核查、生物识别等有效措施识别客户,线上对借款人的身份数据、借款意愿进行核验并留存,确保借款人的身份数据真实有效,借款人的意思表示真实。商业银行对借款人的身份核验不得全权委托合作机构办理。

第十九条　商业银行应当建立有效的反欺诈机制,实时监测欺诈行为,定期分析欺诈风险变化情况,不断完善反欺诈的模型审核规则和相关技术手段,防范冒充他人身份、恶意骗取银行贷款的行为,保障信贷资金安全。

第二十条　商业银行应当在获得授权后查询借款人的征信信息,通过合法渠道和手段线上收集、查询和验证借款人相关定性和定量信息,可以包括但不限于税务、社会保险基金、住房公积金等信息,全面了解借款人信用状况。

第二十一条　商业银行应当构建有效的风险评估、授信审批和风险定价模型,加强统一授信管理,运用风险数据,结合借款人已有债务情况,审慎评估借款人还款能力,确定借款人信用等级和授信方案。

第二十二条　商业银行应当建立人工复核验证机制,作为对风险模型自动审批的必要补充。商业银行应当明确人工复核验证的触发条件,合理设置人工复核验证的操作规程。

第二十三条　商业银行应当与借款人及其他当事人采用数据电文形式签订借款合同及其他文书。借款合同及其他文书应当符合《中华人民共和国合同法》《中华人民共和国电子签名法》等法律法规的规定。

第二十四条　商业银行应当与借款人约定明确、合法的贷款用途。贷款资金不得用于以下事项:

(一)购房及偿还住房抵押贷款;

(二)股票、债券、期货、金融衍生产品和资产管理产品等投资;

(三)固定资产、股本权益性投资;

(四)法律法规禁止的其他用途。

第二十五条　商业银行应当按照相关法律法规的要求,储存、传递、归档以数据电文形式签订的借款合同、信贷流程关键环节和节点的数据。已签订的借款合同及相关数据应可供借款人随时调取查用。

第二十六条 授信与首笔贷款发放时间间隔超过1个月的,商业银行应当在贷款发放前对借款人信用状况进行再评估,根据借款人特征、贷款金额,确定跟踪其信贷记录的频率,以保证及时获取其全面信用状况。

第二十七条 商业银行应当按照借款合同约定,对贷款资金的支付进行管理与控制,贷款支付应由具有合法支付业务资质的机构执行。商业银行应加强对支付账户的监测和对账管理,发现风险隐患的,应立即预警并采取相关措施。采用自主支付方式的,应当根据借款人过往行为数据、交易数据和信用数据等,确定单日贷款支付限额。

第二十八条 商业银行应遵守《个人贷款管理暂行办法》和《流动资金贷款管理暂行办法》的受托支付管理规定,同时根据自身风险管理水平、互联网贷款的规模和结构、应用场景、增信手段等确定差异化的受托支付限额。

第二十九条 商业银行应当通过建立风险监测预警模型,对借款人财务、信用、经营等情况进行监测,设置合理的预警指标与预警触发条件,及时发出预警信号,必要时应通过人工核查作为补充手段。

第三十条 商业银行应当采取适当方式对贷款用途进行监测,发现借款人违反法律法规或未按照约定用途使用贷款资金的,应当按照合同约定提前收回贷款,并追究借款人相应责任。

第三十一条 商业银行应当完善内部审计体系,独立客观开展内部审计,审查评价、督促改善互联网贷款业务经营、风险管理和内控合规效果。银行业监督管理机构可以要求商业银行提交互联网贷款专项内部审计报告。

第三十二条 互联网贷款形成不良的,商业银行应当按照其性质及时制定差异化的处置方案,提升处置效率。

第三章 风险数据和风险模型管理

第三十三条 商业银行进行借款人身份验证、贷前调查、风险评估和授信审查、贷后管理时,应当至少包含借款人姓名、身份证号、联系电话、银行账户以及其他开展风险评估所必需的基本信息。如果需要从合作机构获取借款人风险数据,应通过适当方式确认合作机构的数据来源合法合规、真实有效,对外提供数据不违反法律法规要求,并已获得信息主体本人的明确授权。商业银行不得与违规收集和使用个人信息的第三方开展数据合作。

第三十四条　商业银行收集、使用借款人风险数据应当遵循合法、必要、有效的原则,不得违反法律法规和借贷双方约定,不得将风险数据用于从事与贷款业务无关或有损借款人合法权益的活动,不得向第三方提供借款人风险数据,法律法规另有规定的除外。

第三十五条　商业银行应当建立风险数据安全管理的策略与标准,采取有效技术措施,保障借款人风险数据在采集、传输、存储、处理和销毁过程中的安全,防范数据泄漏、丢失或被篡改的风险。

第三十六条　商业银行应当对风险数据进行必要的处理,以满足风险模型对数据精确性、完整性、一致性、时效性、有效性等的要求。

第三十七条　商业银行应当合理分配风险模型开发测试、评审、监测、退出等环节的职责和权限,做到分工明确、责任清晰。商业银行不得将上述风险模型的管理职责外包,并应当加强风险模型的保密管理。

第三十八条　商业银行应当结合贷款产品特点、目标客户特征、风险数据和风险管理策略等因素,选择合适的技术标准和建模方法,科学设置模型参数,构建风险模型,并测试在正常和压力情境下模型的有效性和稳定性。

第三十九条　商业银行应当建立风险模型评审机制,成立模型评审委员会负责风险模型评审工作。风险模型评审应当独立于风险模型开发,评审工作应当重点关注风险模型有效性和稳定性,确保与银行授信审批条件和风险控制标准相一致。经评审通过后风险模型方可上线应用。

第四十条　商业银行应当建立有效的风险模型日常监测体系,监测至少包括已上线风险模型的有效性与稳定性,所有经模型审批通过贷款的实际违约情况等。监测发现模型缺陷或者已不符合模型设计目标的,应当保证能及时提示风险模型开发和测试部门或团队进行重新测试、优化,以保证风险模型持续适应风险管理要求。

第四十一条　商业银行应当建立风险模型退出处置机制。对于无法继续满足风险管理要求的风险模型,应当立即停止使用,并及时采取相应措施,消除模型退出给贷款风险管理带来的不利影响。

第四十二条　商业银行应当全面记录风险模型开发至退出的全过程,并进行文档化归档和管理,供本行和银行业监督管理机构随时查阅。

第四章　信息科技风险管理

第四十三条　商业银行应当建立安全、合规、高效和可靠的互联网贷款信息系统,以满足互联网贷款业务经营和风险管理需要。

第四十四条　商业银行应当注重提高互联网贷款信息系统的可用性和可靠性,加强对互联网贷款信息系统的安全运营管理和维护,定期开展安全测试和压力测试,确保系统安全、稳定、持续运行。

第四十五条　商业银行应当采取必要的网络安全防护措施,加强网络访问控制和行为监测,有效防范网络攻击等威胁。与合作机构涉及数据交互行为的,应当采取切实措施,实现敏感数据的有效隔离,保证数据交互在安全、合规的环境下进行。

第四十六条　商业银行应当加强对部署在借款人一方的互联网贷款信息系统客户端程序(包括但不限于浏览器插件程序、桌面客户端程序和移动客户端程序等)的安全加固,提高客户端程序的防攻击、防入侵、防篡改、抗反编译等安全能力。

第四十七条　商业银行应当采用有效技术手段,保障借款人数据安全,确保商业银行与借款人、合作机构之间传输数据、签订合同、记录交易等各个环节数据的保密性、完整性、真实性和抗抵赖性,并做好定期数据备份工作。

第四十八条　商业银行应当充分评估合作机构的信息系统服务能力、可靠性和安全性以及敏感数据的安全保护能力,开展联合演练和测试,加强合同约束。

商业银行每年应对与合作机构的数据交互进行信息科技风险评估,并形成风险评估报告,确保不因合作而降低商业银行信息系统的安全性,确保业务连续性。

第五章　贷款合作管理

第四十九条　商业银行应当建立覆盖各类合作机构的全行统一的准入机制,明确相应标准和程序,并实行名单制管理。

商业银行应根据合作内容、对客户的影响范围和程度、对银行财务稳健性的影响程度等,对合作机构实施分层分类管理,并按照其层级和类别确定相应审批权限。

第五十条　商业银行应当按照合作机构资质和其承担的职能相匹配的原则,对合作机构进行准入前评估,确保合作机构与合作事项符合法律法规和监管要求。

商业银行应当主要从经营情况、管理能力、风控水平、技术实力、服务质量、业务合规和机构声誉等方面对合作机构进行准入前评估。选择共同出资发放贷款的合作机构,还应重点关注合作方资本充足水平、杠杆率、流动性水平、不良贷款率、贷款集中度及其变化,审慎确定合作机构名单。

第五十一条　商业银行应当与合作机构签订书面合作协议。书面合作协议应当按照收益和风险相匹配的原则,明确约定合作范围、操作流程、各方权责、收益分配、风险分担、客户权益保护、数据保密、争议解决、合作事项变更或终止的过渡安排、违约责任以及合作机构承诺配合商业银行接受银行业监督管理机构的检查并提供有关信息和资料等内容。

商业银行应当自主确定目标客户群、授信额度和贷款定价标准；商业银行不得向合作机构自身及其关联方直接或变相进行融资用于放贷。除共同出资发放贷款的合作机构以外，商业银行不得将贷款发放、本息回收、止付等关键环节操作全权委托合作机构执行。商业银行应当在书面合作协议中明确要求合作机构不得以任何形式向借款人收取息费，保险公司和有担保资质的机构除外。

第五十二条　商业银行应当在相关页面醒目位置向借款人充分披露自身与合作机构信息、合作类产品的信息、自身与合作各方权利责任，按照适当性原则充分揭示合作业务风险，避免客户产生品牌混同。

商业银行应在借款合同和产品要素说明界面等相关页面中，以醒目方式向借款人充分披露合作类产品的贷款主体、实际年利率、年化综合资金成本、还本付息安排、逾期清收、咨询投诉渠道、违约责任等信息。商业银行需要向借款人获取风险数据授权时，应在线上相关页面醒目位置提示借款人详细阅读授权书内容，并在授权书醒目位置披露授权风险数据内容和期限，确保借款人完成授权书阅读后签署同意。

第五十三条　商业银行与其他有贷款资质的机构共同出资发放互联网贷款的，应当建立相应的内部管理制度，明确本行与合作机构共同出资发放贷款的管理机制，并在合作协议中明确各方的权利义务关系。商业银行应当独立对所出资的贷款进行风险评估和授信审批，并对贷后管理承担主体责任。商业银行不得以任何形式为无放贷业务资质的合作机构提供资金用于发放贷款，不得与无放贷业务资质的合作机构共同出资发放贷款。

商业银行应当按照适度分散的原则审慎选择合作机构，制定因合作机构导致业务中断的应急与恢复预案，避免对单一合作机构过于依赖而产生的风险。

第五十四条　商业银行应当充分考虑自身发展战略、经营模式、资产负债结构和风险管理能力，将与合作机构共同出资发放贷款总额按照零售贷款总额或者贷款总额相应比例纳入限额管理，并加强共同出资发放贷款合作机构的集中度风险管理。商业银行应当对单笔贷款出资比例实行区间管理，与合作方合理分担风险。

第五十五条　商业银行不得接受无担保资质和不符合信用保险和保证保险经营资质监管要求的合作机构提供的直接或变相增信服务。商业银行与有担保资质和符合信用保险和保证保险经营资质监管要求的合作机构合作时应当充分考虑上述机构的增信能力和集中度风险。商业银行不得因引入担保增信放松对贷款质量管控。

第五十六条　商业银行不得委托有暴力催收等违法违规记录的第三方机构进行贷款清收。商业银行应明确与第三方机构的权责,要求其不得对与贷款无关的第三人进行清收。商业银行发现合作机构存在暴力催收等违法违规行为的,应当立即终止合作,并将违法违规线索及时移交相关部门。

第五十七条　商业银行应当持续对合作机构进行管理,及时识别、评估和缓释因合作机构违约或经营失败等导致的风险。对合作机构应当至少每年全面评估一次,发现合作机构无法继续满足准入条件的,应当及时终止合作关系,合作机构在合作期间有严重违法违规行为的,应当及时将其列入本行禁止合作机构名单。

第六章　监督管理

第五十八条　商业银行首次开展互联网贷款业务的,应当于产品上线后 10 个工作日内,向其监管机构提交书面报告,内容包括:

(一)业务规划情况,包括年度及中长期互联网贷款业务模式、业务对象、业务领域、地域范围和合作机构管理等;

(二)风险管控措施,包括互联网贷款业务治理架构和管理体系,互联网贷款风险偏好、风险管理政策和程序,信息系统建设情况及信息科技风险评估,反洗钱、反恐怖融资制度,互联网贷款合作机构管理政策和程序,互联网贷款业务限额、与合作机构共同出资发放贷款的限额及出资比例、合作机构集中度等重要风险管控指标;

(三)上线的互联网贷款产品基本情况,包括产品合规性评估、产品风险评估,风险数据、风险模型管理情况以及是否符合本办法相关要求;

(四)消费者权益保护及其配套服务情况;

(五)银行业监督管理机构要求提供的其他材料。

第五十九条　银行业监督管理机构应当结合日常监管情况和商业银行风险状况等,对商业银行提交的报告和相关材料进行评估,重点评估:

(一)互联网贷款业务规划与自身业务定位、差异化发展战略是否匹配;

(二)是否独立掌握授信审批、合同签订等核心风控环节;

(三)信息科技风险基础防范措施是否健全;

(四)上线产品的授信额度、期限、放款控制、数据保护、合作机构管理等是否符合本办法要求;

（五）消费者权益保护是否全面有效。

如发现不符合本办法要求，应当要求商业银行限期整改、暂停业务等。

第六十条　商业银行应当按照本办法要求，对互联网贷款业务开展情况进行年度评估，并于每年 4 月 30 日前向银行业监督管理机构报送上一年年度评估报告。年度评估报告包括但不限于以下内容：

（一）业务基本情况；

（二）年度业务经营管理情况分析；

（三）业务风险分析和监管指标表现分析；

（四）识别、计量、监测、控制风险的主要方法及改进情况，信息科技风险防控措施的有效性；

（五）风险模型的监测与验证情况；

（六）合规管理和内控管理情况；

（七）投诉及处理情况；

（八）下一年度业务发展规划；

（九）银行业监督管理机构要求报告的其他事项。

第六十一条　互联网贷款的风险治理架构、风险管理策略和程序、数据质量控制机制、管理信息系统和合作机构管理等在经营期间发生重大调整的，商业银行应当在调整后的 10 个工作日内向银行业监督管理机构书面报告调整情况。

第六十二条　银行业监督管理机构可以根据商业银行的经营管理情况、风险水平和互联网贷款业务开展情况等对商业银行与合作机构共同出资发放贷款的出资比例及相关集中度风险、跨注册地辖区业务等提出相关审慎性监管要求。

第六十三条　银行业监督管理机构可以通过非现场监管、现场检查等方式，实施对商业银行互联网贷款业务的监督检查。

银行业监督管理机构开展对商业银行互联网贷款业务的数据统计与监测、重要风险因素评估等工作。

第六十四条　商业银行违反本办法规定办理互联网贷款的，银行业监督管理机构可根据《中华人民共和国银行业监督管理法》责令其限期改正；逾期未改正，或其行为严重危及商业银行稳健运行、损害客户合法权益的，应采取相应的监管措施。严重违反本办法的，可根据《中华人民共和国银行业监督管理法》第四十五条、第四十六条、第四十七条、第四十八条规定实施行政处罚。

第七章　附　则

第六十五条　商业银行经营互联网贷款业务,应当依照本办法制定互联网贷款管理细则及操作规程。

第六十六条　本办法未尽事项,按照《个人贷款管理暂行办法》《流动资金贷款管理暂行办法》等相关规定执行。

第六十七条　外国银行分行参照本办法执行。除第六条个人贷款期限要求外,消费金融公司、汽车金融公司开展互联网贷款业务参照本办法执行。

第六十八条　本办法由中国银行保险监督管理委员会负责解释。

第六十九条　本办法自公布之日起施行。

第七十条　过渡期为本办法实施之日起2年。过渡期内新增业务应当符合本办法规定。商业银行和消费金融公司、汽车金融公司应当制定过渡期内的互联网贷款整改计划,明确时间进度安排,并于办法实施之日起1个月内将符合本办法第五十八条规定的书面报告和整改计划报送银行业监督管理机构,由其监督实施。

网络借贷信息中介机构业务活动管理暂行办法

第一章 总 则

第一条 为规范网络借贷信息中介机构业务活动,保护出借人、借款人、网络借贷信息中介机构及相关当事人合法权益,促进网络借贷行业健康发展,更好满足中小微企业和个人投融资需求,根据《关于促进互联网金融健康发展的指导意见》提出的总体要求和监管原则,依据《中华人民共和国民法通则》《中华人民共和国公司法》《中华人民共和国合同法》等法律法规,制定本办法。

第二条 在中国境内从事网络借贷信息中介业务活动,适用本办法,法律法规另有规定的除外。

本办法所称网络借贷是指个体和个体之间通过互联网平台实现的直接借贷。个体包含自然人、法人及其他组织。网络借贷信息中介机构是指依法设立,专门从事网络借贷信息中介业务活动的金融信息中介公司。该类机构以互联网为主要渠道,为借款人与出借人(即贷款人)实现直接借贷提供信息搜集、信息公布、资信评估、信息交互、借贷撮合等服务。

本办法所称地方金融监管部门是指各省级人民政府承担地方金融监管职责的部门。

第三条 网络借贷信息中介机构按照依法、诚信、自愿、公平的原则为借款人和出借人提供信息服务,维护出借人与借款人合法权益,不得提供增信服务,不得直接或间接归集资金,不得非法集资,不得损害国家利益和社会公共利益。

借款人与出借人遵循借贷自愿、诚实守信、责任自负、风险自担的原则承担借贷风险。网络借贷信息中介机构承担客观、真实、全面、及时进行信息披露的责任,不承担借贷违约风险。

第四条 按照《关于促进互联网金融健康发展的指导意见》中"鼓励创新、防范风险、趋利避害、健康发展"的总体要求和"依法监管、适度监管、分类监管、协同监管、创新监管"的监管原则,落实各方管理责任。国务院银行业监督管理机构及其派出机构负责制定网络借贷信息中介机构业务活动监督管理制度,并实施行为监管。各省级人民政府负责本辖区网络借贷信息中介机构的机构监管。工业和信息化部负责对网络借贷信息中介机构业务活动涉及的电信业务进行监管。公安部牵头负责对网络借贷信息中介机构的互联网服务进行安全监管,依法查处违反网络安全监管的违法违规活动,打击网络借贷涉及的金融犯罪及相关犯罪。国家互联网信息办公室负责对金融信息服务、互联网信息内容等业务进行监管。

第二章　备案管理

第五条　拟开展网络借贷信息中介服务的网络借贷信息中介机构及其分支机构,应当在领取营业执照后,于 10 个工作日以内携带有关材料向工商登记注册地地方金融监管部门备案登记。

地方金融监管部门负责为网络借贷信息中介机构办理备案登记。地方金融监管部门应当在网络借贷信息中介机构提交的备案登记材料齐备时予以受理,并在各省(区、市)规定的时限内完成备案登记手续。备案登记不构成对网络借贷信息中介机构经营能力、合规程度、资信状况的认可和评价。

地方金融监管部门有权根据本办法和相关监管规则对备案登记后的网络借贷信息中介机构进行评估分类,并及时将备案登记信息及分类结果在官方网站上公示。

网络借贷信息中介机构完成地方金融监管部门备案登记后,应当按照通信主管部门的相关规定申请相应的电信业务经营许可;未按规定申请电信业务经营许可的,不得开展网络借贷信息中介业务。

网络借贷信息中介机构备案登记、评估分类等具体细则另行制定。

第六条　开展网络借贷信息中介业务的机构,应当在经营范围中实质明确网络借贷信息中介,法律、行政法规另有规定的除外。

第七条　网络借贷信息中介机构备案登记事项发生变更的,应当在 5 个工作日以内向工商登记注册地地方金融监管部门报告并进行备案信息变更。

第八条　经备案的网络借贷信息中介机构拟终止网络借贷信息中介服务的,应当在终止业务前提前至少 10 个工作日,书面告知工商登记注册地地方金融监管部门,并办理备案注销。

经备案登记的网络借贷信息中介机构依法解散或者依法宣告破产的,除依法进行清算外,由工商登记注册地地方金融监管部门注销其备案。

第三章　业务规则与风险管理

第九条　网络借贷信息中介机构应当履行下列义务：

（一）依据法律法规及合同约定为出借人与借款人提供直接借贷信息的采集整理、甄别筛选、网上发布，以及资信评估、借贷撮合、融资咨询、在线争议解决等相关服务；

（二）对出借人与借款人的资格条件、信息的真实性、融资项目的真实性、合法性进行必要审核；

（三）采取措施防范欺诈行为，发现欺诈行为或其他损害出借人利益的情形，及时公告并终止相关网络借贷活动；

（四）持续开展网络借贷知识普及和风险教育活动，加强信息披露工作，引导出借人以小额分散的方式参与网络借贷，确保出借人充分知悉借贷风险；

（五）按照法律法规和网络借贷有关监管规定要求报送相关信息，其中网络借贷有关债权债务信息要及时向有关数据统计部门报送并登记；

（六）妥善保管出借人与借款人的资料和交易信息，不得删除、篡改，不得非法买卖、泄露出借人与借款人的基本信息和交易信息；

（七）依法履行客户身份识别、可疑交易报告、客户身份资料和交易记录保存等反洗钱和反恐怖融资义务；

（八）配合相关部门做好防范查处金融违法犯罪相关工作；

（九）按照相关要求做好互联网信息内容管理、网络与信息安全相关工作；

（十）国务院银行业监督管理机构、工商登记注册地省级人民政府规定的其他义务。

第十条　网络借贷信息中介机构不得从事或者接受委托从事下列活动：

（一）为自身或变相为自身融资；

（二）直接或间接接受、归集出借人的资金；

（三）直接或变相向出借人提供担保或者承诺保本保息；

（四）自行或委托、授权第三方在互联网、固定电话、移动电话等电子渠道以外的物理场所进行宣传或推介融资项目；

（五）发放贷款，但法律法规另有规定的除外；

（六）将融资项目的期限进行拆分；

（七）自行发售理财等金融产品募集资金，代销银行理财、券商资管、基金、保险或信托产品等金融产品；

（八）开展类资产证券化业务或实现以打包资产、证券化资产、信托资产、基金份额等形式的债权转让行为；

（九）除法律法规和网络借贷有关监管规定允许外，与其他机构投资、代理销售、经纪等业务进行任何形式的混合、捆绑、代理；

（十）虚构、夸大融资项目的真实性、收益前景，隐瞒融资项目的瑕疵及风险，以歧义性语言或其他欺骗性手段等进行虚假片面宣传或促销等，捏造、散布虚假信息或不完整信息损害他人商业信誉，误导出借人或借款人；

（十一）向借款用途为投资股票、场外配资、期货合约、结构化产品及其他衍生品等高风险的融资提供信息中介服务；

（十二）从事股权众筹等业务；

（十三）法律法规、网络借贷有关监管规定禁止的其他活动。

第十一条　参与网络借贷的出借人与借款人应当为网络借贷信息中介机构核实的实名注册用户。

第十二条　借款人应当履行下列义务：

（一）提供真实、准确、完整的用户信息及融资信息；

（二）提供在所有网络借贷信息中介机构未偿还借款信息；

（三）保证融资项目真实、合法，并按照约定用途使用借贷资金，不得用于出借等其他目的；

（四）按照约定向出借人如实报告影响或可能影响出借人权益的重大信息；

（五）确保自身具有与借款金额相匹配的还款能力并按照合同约定还款；

（六）借贷合同及有关协议约定的其他义务。

第十三条　借款人不得从事下列行为：

（一）通过故意变换身份、虚构融资项目、夸大融资项目收益前景等形式的欺诈借款；

（二）同时通过多个网络借贷信息中介机构，或者通过变换项目名称、对项目内容进行非实质性变更等方式，就同一融资项目进行重复融资；

（三）在网络借贷信息中介机构以外的公开场所发布同一融资项目的信息；

（四）已发现网络借贷信息中介机构提供的服务中含有本办法第十条所列内容，仍进行交易；

（五）法律法规和网络借贷有关监管规定禁止从事的其他活动。

第十四条　参与网络借贷的出借人,应当具备投资风险意识、风险识别能力、拥有非保本类金融产品投资的经历并熟悉互联网。

第十五条　参与网络借贷的出借人应当履行下列义务:

(一)向网络借贷信息中介机构提供真实、准确、完整的身份等信息;

(二)出借资金为来源合法的自有资金;

(三)了解融资项目信贷风险,确认具有相应的风险认知和承受能力;

(四)自行承担借贷产生的本息损失;

(五)借贷合同及有关协议约定的其他义务。

第十六条　网络借贷信息中介机构在互联网、固定电话、移动电话等电子渠道以外的物理场所只能进行信用信息采集、核实、贷后跟踪、抵质押管理等风险管理及网络借贷有关监管规定明确的部分必要经营环节。

第十七条　网络借贷金额应当以小额为主。网络借贷信息中介机构应当根据本机构风险管理能力,控制同一借款人在同一网络借贷信息中介机构平台及不同网络借贷信息中介机构平台的借款余额上限,防范信贷集中风险。

同一自然人在同一网络借贷信息中介机构平台的借款余额上限不超过人民币 20 万元;同一法人或其他组织在同一网络借贷信息中介机构平台的借款余额上限不超过人民币 100 万元;同一自然人在不同网络借贷信息中介机构平台借款总余额不超过人民币 100 万元;同一法人或其他组织在不同网络借贷信息中介机构平台借款总余额不超过人民币 500 万元。

第十八条　网络借贷信息中介机构应当按照国家网络安全相关规定和国家信息安全等级保护制度的要求,开展信息系统定级备案和等级测试,具有完善的防火墙、入侵检测、数据加密以及灾难恢复等网络安全设施和管理制度,建立信息科技管理、科技风险管理和科技审计有关制度,配置充足的资源,采取完善的管理控制措施和技术手段保障信息系统安全稳健运行,保护出借人与借款人的信息安全。

网络借贷信息中介机构应当记录并留存借贷双方上网日志信息,信息交互内容等数据,留存期限为自借贷合同到期起 5 年;每两年至少开展一次全面的安全评估,接受国家或行业主管部门的信息安全检查和审计。

网络借贷信息中介机构成立两年以内,应当建立或使用与其业务规模相匹配的应用级灾备系统设施。

第十九条　网络借贷信息中介机构应当为单一融资项目设置募集期,最长不超过 20 个工作日。

第二十条　借款人支付的本金和利息应当归出借人所有。网络借贷信息中介机构应当与出借人、借款人另行约定费用标准和支付方式。

第二十一条　网络借贷信息中介机构应当加强与金融信用信息基础数据库运行机构、征信机构等的业务合作，依法提供、查询和使用有关金融信用信息。

第二十二条　各方参与网络借贷信息中介机构业务活动，需要对出借人与借款人的基本信息和交易信息等使用电子签名、电子认证时，应当遵守法律法规的规定，保障数据的真实性、完整性及电子签名、电子认证的法律效力。

网络借贷信息中介机构使用第三方数字认证系统，应当对第三方数字认证机构进行定期评估，保证有关认证安全可靠并具有独立性。

第二十三条　网络借贷信息中介机构应当采取适当的方法和技术，记录并妥善保存网络借贷业务活动数据和资料，做好数据备份。保存期限应当符合法律法规及网络借贷有关监管规定的要求。借贷合同到期后应当至少保存 5 年。

第二十四条　网络借贷信息中介机构暂停、终止业务时应当至少提前 10 个工作日通过官方网站等有效渠道向出借人与借款人公告，并通过移动电话、固定电话等渠道通知出借人与借款人。网络借贷信息中介机构业务暂停或者终止，不影响已经签订的借贷合同当事人有关权利义务。

网络借贷信息中介机构因解散或宣告破产而终止的，应当在解散或破产前，妥善处理已撮合存续的借贷业务，清算事宜按照有关法律法规的规定办理。

网络借贷信息中介机构清算时，出借人与借款人的资金分别属于出借人与借款人，不属于网络借贷信息中介机构的财产，不列入清算财产。

第四章　出借人与借款人保护

第二十五条　未经出借人授权，网络借贷信息中介机构不得以任何形式代出借人行使决策。

第二十六条　网络借贷信息中介机构应当向出借人以醒目方式提示网络借贷风险和禁止性行为，并经出借人确认。

网络借贷信息中介机构应当对出借人的年龄、财务状况、投资经验、风险偏好、风险承受能力等进行尽职评估，不得向未进行风险评估的出借人提供交易服务。

网络借贷信息中介机构应当根据风险评估结果对出借人实行分级管理，设置可动态调整的出借限额和出借标的限制。

第二十七条　网络借贷信息中介机构应当加强出借人与借款人信息管理，确保出借人与借款人信息采集、处理及使用的合法性和安全性。

网络借贷信息中介机构及其资金存管机构、其他各类外包服务机构等应当为业务开展过程中收集的出借人与借款人信息保密,未经出借人与借款人同意,不得将出借人与借款人提供的信息用于所提供服务之外的目的。

在中国境内收集的出借人与借款人信息的储存、处理和分析应当在中国境内进行。除法律法规另有规定外,网络借贷信息中介机构不得向境外提供境内出借人和借款人信息。

第二十八条　网络借贷信息中介机构应当实行自身资金与出借人和借款人资金的隔离管理,并选择符合条件的银行业金融机构作为出借人与借款人的资金存管机构。

第二十九条　出借人与网络借贷信息中介机构之间、出借人与借款人之间、借款人与网络借贷信息中介机构之间等纠纷,可以通过以下途径解决:

(一)自行和解;

(二)请求行业自律组织调解;

(三)向仲裁部门申请仲裁;

(四)向人民法院提起诉讼。

第五章　信息披露

第三十条　网络借贷信息中介机构应当在其官方网站上向出借人充分披露借款人基本信息、融资项目基本信息、风险评估及可能产生的风险结果、已撮合未到期融资项目资金运用情况等有关信息。

披露内容应符合法律法规关于国家秘密、商业秘密、个人隐私的有关规定。

第三十一条　网络借贷信息中介机构应当及时在其官方网站显著位置披露本机构所撮合借贷项目等经营管理信息。

网络借贷信息中介机构应当在其官方网站上建立业务活动经营管理信息披露专栏,定期以公告形式向公众披露年度报告、法律法规、网络借贷有关监管规定。

网络借贷信息中介机构应当聘请会计师事务所定期对本机构出借人与借款人资金存管、信息披露情况、信息科技基础设施安全、经营合规性等重点环节实施审计,并且应当聘请有资质的信息安全测评认证机构定期对信息安全实施测评认证,向出借人与借款人等披露审计和测评认证结果。

网络借贷信息中介机构应当引入律师事务所、信息系统安全评价等第三方机构,对网络信息中介机构合规和信息系统稳健情况进行评估。

网络借贷信息中介机构应当将定期信息披露公告文稿和相关备查文件报送工商登记注册地地方金融监管部门,并置备于机构住所供社会公众查阅。

第三十二条 网络借贷信息中介机构的董事、监事、高级管理人员应当忠实、勤勉地履行职责,保证披露的信息真实、准确、完整、及时、公平,不得有虚假记载、误导性陈述或者重大遗漏。

借款人应当配合网络借贷信息中介机构及出借人对融资项目有关信息的调查核实,保证提供的信息真实、准确、完整。

网络借贷信息披露具体细则另行制定。

第六章 监督管理

第三十三条 国务院银行业监督管理机构及其派出机构负责制定统一的规范发展政策措施和监督管理制度,负责网络借贷信息中介机构的日常行为监管,指导和配合地方人民政府做好网络借贷信息中介机构的机构监管和风险处置工作,建立跨部门跨地区监管协调机制。

各地方金融监管部门具体负责本辖区网络借贷信息中介机构的机构监管,包括对本辖区网络借贷信息中介机构的规范引导、备案管理和风险防范、处置工作。

第三十四条 中国互联网金融协会从事网络借贷行业自律管理,并履行下列职责:

(一)制定自律规则、经营细则和行业标准并组织实施,教育会员遵守法律法规和网络借贷有关监管规定;

(二)依法维护会员的合法权益,协调会员关系,组织相关培训,向会员提供行业信息、法律咨询等服务,调解纠纷;

(三)受理有关投诉和举报,开展自律检查;

(四)成立网络借贷专业委员会;

(五)法律法规和网络借贷有关监管规定赋予的其他职责。

第三十五条 借款人、出借人、网络借贷信息中介机构、资金存管机构、担保人等应当签订资金存管协议,明确各自权利义务和违约责任。

资金存管机构对出借人与借款人开立和使用资金账户进行管理和监督,并根据合同约定,对出借人与借款人的资金进行存管、划付、核算和监督。

资金存管机构承担实名开户和履行合同约定及借贷交易指令表面一致性的形式

审核责任,但不承担融资项目及借贷交易信息真实性的实质审核责任。

资金存管机构应当按照网络借贷有关监管规定报送数据信息并依法接受相关监督管理。

第三十六条　网络借贷信息中介机构应当在下列重大事件发生后,立即采取应急措施并向工商登记注册地地方金融监管部门报告:

(一)因经营不善等原因出现重大经营风险;

(二)网络借贷信息中介机构或其董事、监事、高级管理人员发生重大违法违规行为;

(三)因商业欺诈行为被起诉,包括违规担保、夸大宣传、虚构隐瞒事实、发布虚假信息、签订虚假合同、错误处置资金等行为。

地方金融监管部门应当建立网络借贷行业重大事件的发现、报告和处置制度,制定处置预案,及时、有效地协调处置有关重大事件。

地方金融监管部门应当及时将本辖区网络借贷信息中介机构重大风险及处置情况信息报送省级人民政府、国务院银行业监督管理机构和中国人民银行。

第三十七条　除本办法第七条规定的事项外,网络借贷信息中介机构发生下列情形的,应当在 5 个工作日以内向工商登记注册地地方金融监管部门报告:

(一)因违规经营行为被查处或被起诉;

(二)董事、监事、高级管理人员违反境内外相关法律法规行为;

(三)国务院银行业监督管理机构、地方金融监管部门等要求的其他情形。

第三十八条　网络借贷信息中介机构应当聘请会计师事务所进行年度审计,并在上一会计年度结束之日起 4 个月内向工商登记注册地地方金融监管部门报送年度审计报告。

第七章　法律责任

第三十九条　地方金融监管部门存在未依照本办法规定报告重大风险和处置情况、未依照本办法规定向国务院银行业监督管理机构提供行业统计或行业报告等违反法律法规及本办法规定情形的,应当对有关责任人依法给予行政处分;构成犯罪的,依法追究刑事责任。

第四十条　网络借贷信息中介机构违反法律法规和网络借贷有关监管规定,有关法律法规有处罚规定的,依照其规定给予处罚;有关法律法规未作处罚规定的,工商登记注册地地方金融监管部门可以采取监管谈话、出具警示函、责令改正、通报批评、将其违法违规和不履行公开承诺等情况记入诚信档案并公布等监管措施,以及给予警告、人民币3万元以下罚款和依法可以采取的其他处罚措施;构成犯罪的,依法追究刑事责任。

网络借贷信息中介机构违反法律规定从事非法集资活动或欺诈的,按照相关法律法规和工作机制处理;构成犯罪的,依法追究刑事责任。

第四十一条　网络借贷信息中介机构的出借人及借款人违反法律法规和网络借贷有关监管规定,依照有关规定给予处罚;构成犯罪的,依法追究刑事责任。

第八章　附　则

第四十二条　银行业金融机构及国务院银行业监督管理机构批准设立的其他金融机构和省级人民政府批准设立的融资担保公司、小额贷款公司等投资设立具有独立法人资格的网络借贷信息中介机构,设立办法另行制定。

第四十三条　中国互联网金融协会网络借贷专业委员会按照《关于促进互联网金融健康发展的指导意见》和协会章程开展自律并接受相关监管部门指导。

第四十四条　本办法实施前设立的网络借贷信息中介机构不符合本办法规定的,除违法犯罪行为按照本办法第四十条处理外,由地方金融监管部门要求其整改,整改期不超过12个月。

第四十五条　省级人民政府可以根据本办法制定实施细则,并报国务院银行业监督管理机构备案。

第四十六条　本办法解释权归国务院银行业监督管理机构、工业和信息化部、公安部、国家互联网信息办公室。

第四十七条　本办法所称不超过、以下、以内,包括本数。